歴史文化ライブラリー
489

平将門の乱を読み解く

木村茂光

吉川弘文館

目次

「平将門の乱」とはなにか―プロローグ……1
日本史上の「将門の乱」／王土王民思想の発現／菅原道真の霊と八幡大菩薩の登場／本書の問題意識／『将門記』について／平氏一族の内紛／国府襲撃―反乱へ／「新皇」宣言と東国国家の建設／朝廷の対応と将門の敗北／追討官符と乱後の賞罰／将門の「冥界消息」／「平将門の乱を読み解く」ための五つの論点

平氏一族内紛の要因　「女論」か「遺領争い」か

一族内紛の要因はなにか……26
代表的な諸説／「遺領争い」説とその検討／『今昔物語集』の記述の評価／「女論」説とその検討／「鬼怒川水系利権」説／「猿島郡結節点」説

筑波山西麓の政治的位置……38
古代における筑波山西麓の政治的位置／内紛地域の交通史的特性／羽鳥歌姫神社の碑文／源護・平良兼の勢力圏／鎌輪宿の交通上の位置

乱後の筑波山西麓の政治的位置……………………………………49
水守と常陸平氏／平維幹の軍事力／水守・多気と常陸平氏／宇都宮―常陸府中を結ぶ幹線道路／筑波山西麓の歴史的・交通史的特質
平氏一族内紛の要因……………………………………59
平将門・平氏一族の政治基盤／父良持の遺領＝奥羽の富／平氏一族内紛の構図

国府襲撃と平将門の政治的地位　「移牒」と「営所」の評価を中心に

「国府襲撃」事件の経過……………………………………68
「移牒」と「営所」／武蔵国府での事件／常陸国府襲撃事件／下野・上野国府襲撃事件／国府襲撃事件の性格
将門の政治的地位（一）―「移牒」の性格を中心に……………………77
『将門記』のなかの「移牒」／「移牒」の評価をめぐって／文書様式からみた「牒」の特徴／将門・玄明の政治的地位
将門の政治的地位（二）―「営所」の性格を中心に……………………89
「営所」をめぐる諸説／水守営所と石井営所／武蔵国狭服山の営所／「営所」の準公的な性格
将門と平氏一族の政治的地位……………………………………102

将門の自立性／一〇世紀前半、平氏一族の政治的地位

「新皇」即位と八幡神・道真の霊

「新皇」即位の歴史的意義 …… 108

「新皇」即位の場面／「新皇」即位をめぐる三つの論点

平安京における道真の怨霊と八幡神 …… 112

二つのアプローチ／平安京における道真の怨霊／道真の霊の神格化／石清水八幡宮の成立と八幡神信仰／藤尾寺事件／藤尾寺事件の評価／石清水八幡宮の神格上昇と承平・天慶の乱／シダラ神事件／シダラ神事件の歴史的意味

関東における道真信仰 …… 129

常陸介菅原兼茂の役割／大生郷天満宮社伝と二つの石碑／二つの碑文／二つの碑文の評価

平将門の乱と中世的宗教秩序の形成 …… 137

二十二社制の成立／『国内神名帳』の作成

「新皇」即位と八幡神・道真の霊 …… 142

八幡神・道真の霊登場の背景／八幡神・道真の霊登場の意義

「新皇」即位と王土王民思想

九世紀後半・一〇世紀前半の王権の揺らぎ……146

「新皇」即位の意義／政治体制の動揺／対外的緊張と動揺／王権認識の動揺

「新皇」即位と天命思想・皇統意識……156

「新皇」即位の根拠／桓武天皇の天命思想

「新皇」即位と王土王民思想……160

平将門追討官符以前の対応／将門追討官符の発布／延喜新制・保元新制の王土王民思想／将門追討官符の意義／「朱雀院平賊後被修法会願文」の王土王民思想／源頼朝追討官符の王土王民思想

「新皇」即位の歴史的意義……176

「中世皇統譜」の形成／「新皇」即位の歴史的意義

「冥界消息」と蘇生譚の世界

『将門記』の「冥界消息」……182

「冥界消息」と蘇生譚／『日本霊異記』の冥界譚／平将門の「冥界消息」／『僧妙達蘇生注記』の特徴／『僧妙達蘇生注記』の具体例／藤原忠平・平将門・天台座主尊意／『道賢上人冥土記』について／『道賢上人冥土記』の概

要と特徴／「冥界消息」の特徴／源融の亡霊譚／「冥界消息」との共通性
「冥界消息」中の識語と構成……204
「天慶三年六月中記文」について／起点としての「四月廿五日」／「或本に云く」以下について／「或本に云く」の範囲／「或本に云く」の後半部の評価／「冥界消息」「或本に云く」以下の成立時期
将門の子孫の冥界譚と伝説……216
娘如蔵の冥界譚／如蔵冥界譚の役割／将門の子壬生良門の伝説／将門子孫の伝説と陸奥国
将門の「冥界消息」と将門の乱……226
将門の「冥界消息」の特徴／冥界譚・蘇生譚の特徴／『将門記』の成立時期
「新皇」将門の国家構想―エピローグ……231
将門の国家構想／「みじめな構想」という評価／同時代的な評価の必要性／将門の政治基盤／『将門記』作者の画期性／国家構想の主体性／将門と頼朝の境界認識／将門の国家構想の意義／平将門の乱の歴史的意義／同時代の視点から読み解いた「平将門の乱」
あとがき
資料・参考文献

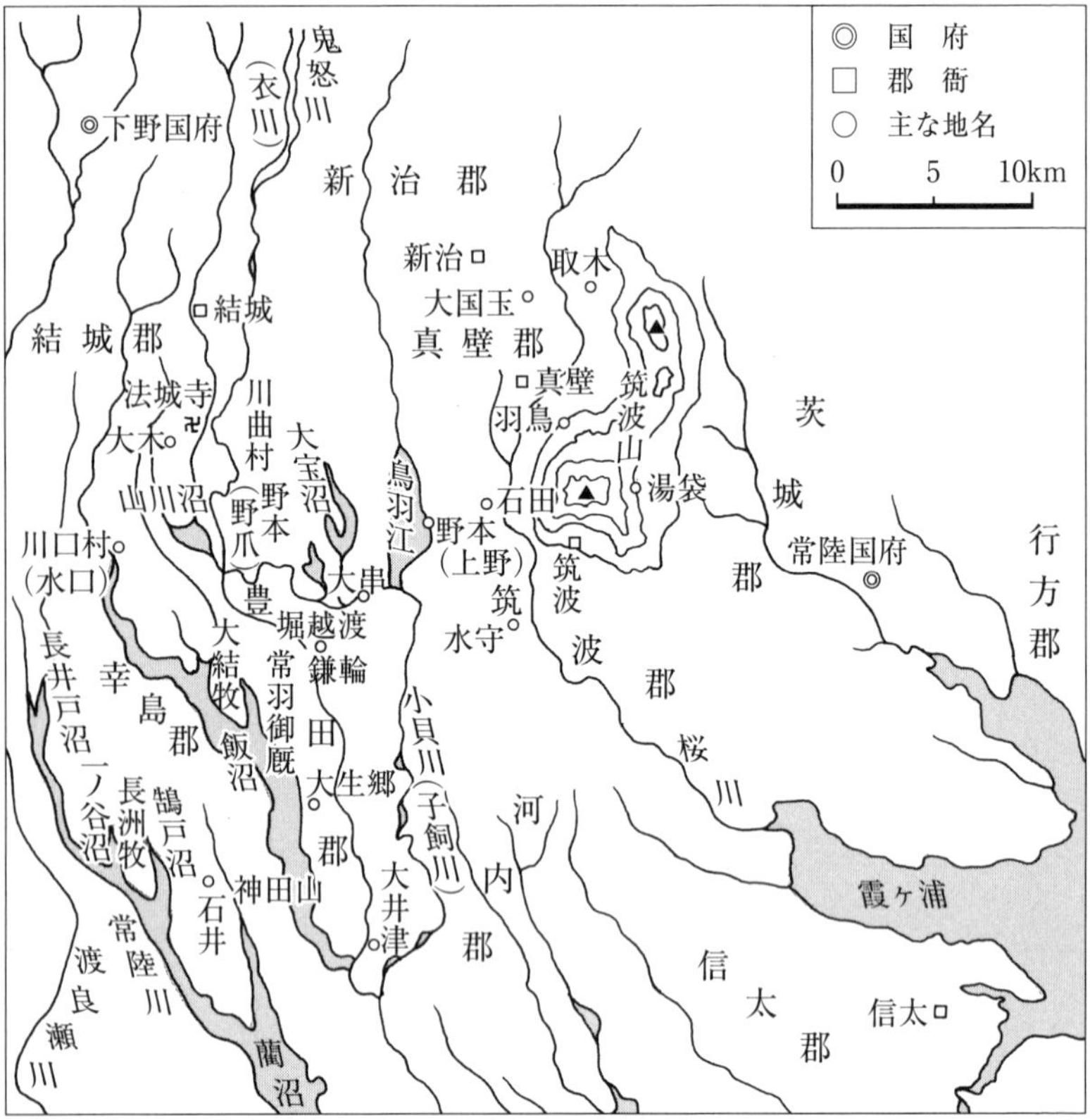

平将門の乱関係図

(岩井市史編さん委員会編『岩井市史別編　平将門資料集』をもとに作成)

「平将門の乱」とはなにか——プロローグ

日本史上の「将門の乱」

伝え聞く、謀叛《むほん》の賊義朝の子（頼朝）、年来配所の伊豆の国にあり。しかるに近日凶悪を事とし、去んぬるころ新司の先使を凌礫《りようれき》し（中略）、およそ伊豆・駿河両国を押領し了んぬ。（中略）彼の義朝の子大略謀叛を企つるか。宛《あたか》も将門《まさかど》の如しと云々。（『玉葉』治承四年九月三日条）

これは、治承四年（一一八〇）源頼朝の挙兵の情報が京都に届いた時の九条兼実《かねざね》の日記『玉葉《ぎよくよう》』の記事である。兼実が「（源）義朝の子」と記すのみで「頼朝」の本名を書いていないことも興味深いが、当時、右大臣という高官であった兼実が、頼朝の挙兵を聞いて「宛も将門の如し」と平将門の乱になぞらえていることに注目したい。

武士の最初の反乱といわれる平将門の乱（承平五年〈九三五〉～天慶三年〈九四〇〉）の後、

図1　平将門坐像（茨城県坂東市・国王神社所蔵）

平忠常《ただつね》の乱があり（長元元年〈一〇二八〉）、東北を舞台にした前九年・後三年合戦があった（永承六年〈一〇五一〉～康平五年〈一〇六二〉、永保三年〈一〇八三〉～寛治元年〈一〇八七〉）にもかかわらず、頼朝挙兵の報を聞いて右大臣兼実が想起したのは約二五〇年も前の将門の乱であった。それほど平将門の乱は、平安時代中・後期の貴族社会に深く刻印された事件だったのである。

　周知のように、平将門の乱は承平五年から天慶三年にかけて、常陸国筑波山《つくばさん》の西麓から北関東を主な舞台に起こった反乱であるが、この兼実の想起は、将門の乱を東国で起こった反乱や武士の発生を示す反乱という評価に押しとどめておくことができないことを示している。

　それもそうである。平氏一族の内紛から始まった乱は、武蔵国府への介入から常陸国府の襲撃に展開し、さらに下野国府・上野国府を襲撃してそれぞれの国の国司を追放するという反乱に展開した。その上、将門は上野国府で「新皇」を宣言して坂東八ヵ国の国司を任命し、新たな「王城」の建設を宣言するに至ったのである（図1）。

日本の歴史を振り返ると、確かに皇統の分裂や対立は何度かあったが、「新皇」＝新しい天皇を名乗り、朝廷の除目《じもく》（人事権）を奪って国司を任命し、新しい宮都の建設まで計画したのは、将門を除くと南北朝内乱の時の後醍醐《ごだいご》天皇しかいないであろう。将門の乱はまさに日本史上まれにみる大事件だった。

さらに、これはこれまでの研究で十分深められていないが、将門の乱の事件性の大きさは反乱に対する朝廷の対応にも現れている。それは、将門の乱を鎮圧するために発布された天慶三年正月の太政官符（太政官が発した下達文書）に、

王土王民思想の発現

抑《そもそ》も一天の下、寧《いずく》んぞ王土に非《あら》ざらん。九州の内、誰か公民に非ざらん。

と「王土王民《おうどおうみん》」思想（地上にあるすべての土地は天命を受けた帝王のものであり、そこに住むすべての人民は帝王の支配物であるという思想）が採用されていたことである（『本朝文粋《ほんちょうもんずい》』巻二）。これについては第四章の「「新皇」即位の歴史的意義」の節で詳しく検討するが、これまでの研究によると、王土王民思想が明確に発現されたのは延喜二年（九〇二）の延喜荘園整理令と保元元年（一一五六）の保元荘園整理令の時だけであり、将門追討官符は

その三例目だからである（河音一九七六、村井一九九五）。

延喜荘園整理令は、藤原時平が主導する延喜新制（新しい政治体制を生み出す諸政策）の中心的な法令であり、律令国家体制から王朝国家体制への移行を推進した重要な法令であるし、保元荘園整理令も後白河《ごしらかわ》天皇が主導する保元新制の中心的な法令であった。このような平安時代政治史にとって重要な二つの新制において発現された王土王民思想が、将門追討官符でも採用されていることは将門の乱の政治史上の重要性を物語っており、その意義を改めて検討してみる必要があろう。

このように、平将門の乱は、まず皇統に関わる事件であったこと、二つ目は国家の高度な支配イデオロギーである王土王民思想が発現された数少ない事件の一つであったことからも明らかなように、当時の王権や国家権力のあり方と密接に関連した重要な事件であった。だからこそ、九条兼実は頼朝挙兵の報を受けてただちに将門の乱を想起したのである。この二つの要件こそ、私が「平将門の乱を読み解」こうとする理由である。

菅原道真の霊と八幡大菩薩の登場

さらにもう一つ、私が将門の乱を取り上げる重要な要件がある。それは先述の「新皇」宣言において、菅原道真《すがわらのみちざね》の霊魂と八幡大菩薩《はちまんだいぼさつ》がその根拠となっていたことである。『将門記《しょうもんき》』はその場面を次のように叙述している（『将門記』の訓読は『新撰日本古典文庫　将門記』〈林陸朗校註〉〈現代思潮社〉に拠る)。

時に、一昌伎《しょうぎ》ありて云へらく、八幡大菩薩の使と 憒《くちばし》る。朕《ちん》が位を蔭子《おんし》平将門に授け奉る。その位記《いき》は、左大臣正二位菅原朝臣の霊魂 表《ひょう》すらく、右八幡大菩薩八万の軍を起して、朕の位を授け奉らん。今 須《すべか》らく卅二《三十二》相の音楽を以て、早くこれを迎へ奉るべし、と。

やや意味が取りにくい点もあるが、神憑《かみが》かった昌伎(巫女《みこ》)が八幡大菩薩の託宣《たくせん》として「朕が位」=皇位を将門に授ける、その位記(位階を記した証明書)は故菅原道真の霊魂が伝える、という内容になろう。将門に「新皇」の位を授けたのが八幡大菩薩と菅原道真の霊魂であったことは間違いない。

八幡大菩薩=八幡神は「律令」神祇令《じんぎれい》に規定されていない新興の武神であり、道真の霊魂とは、大宰府に左遷され非業の死を遂げた道真の霊のことで、その霊が後に怨霊《おんりょう》(祟《たた》り神)となって貴族社会に恐怖をもたらしたことはよく知られている。このような新興の神と神仏以前の怨霊が将門の「新皇」即位の根拠となっていたことは、なによりも先例を重んじた貴族層にとっては穏やかではない。なぜなら、これまでの皇位継承は天照大神《あまてらすおおみかみ》をはじめとする「律令」に規定された神々によって保証されていたのに対して、この場合はそれとはまったく異なった事態が生じていることを示しているからである。

このように考えると、将門の乱、将門の「新皇」宣言はこれまでの皇統と神祇との関係を改変するような大きな事件でもあったといえる。実際、上島享は将門の乱を前後して、新しい皇統意識とそれを支える神祇体系が形成され始めたことを詳細に論じており、上記のような私の評価が正しいことを裏付けてくれる（上島二〇一〇）。上島の仕事については関係箇所で紹介するとして、このことからも、平将門の乱が東国の武士の反乱という側面を超えた国家的な問題を孕んだ反乱であったということができる。これが、私が「将門の乱を読み解」こうとする三つ目の理由である。

本書の問題意識

もちろん、将門の「新皇」即位の意義や王土王民思想の発現、そして、八幡神や道真の霊魂が出現する意味については、これまでの研究でも言及されている。しかし、これまでの研究はどちらかというと将門の乱の経過とその特徴や、将門の武士としての性格の究明に重点がおかれており、それらを解明する一環として「新皇」宣言や王土王民思想、八幡神や道真の霊魂を取り上げる傾向が強かったように思う。

例えば、川尻秋生『平将門の乱』（二〇〇七年）はこれまでの研究成果を要領よくまとめた上に、著者独自の新しい知見も含んだ近年の「将門の乱」研究を代表する水準の高い著書であるが、シリーズの一冊という制約もあって、そこでも八幡神と道真の霊魂についいてはⅡ部の「4　新皇将門」のなかで言及されているにすぎず、天慶三年の追討官符についても、Ⅲ部の「2　国家の対応」やⅣ部の「2　武士の成立」で若干紹介されているが、王土王民思想のもつ意味についてはほとんど触れられていない、というようである。

本書では、これまでの成果に依拠して将門の乱の実態の解明を目指しつつも、上記のような問題意識のもと、「将門の乱」に表現された、いいかえれば「将門の乱」が物語る「時代的」特徴を明らかにすること＝「読み解く」ことを目標にしたいと考える。とくに、八幡神や道真の霊魂の出現が示唆する国家的な神祇体系の変化、および王土王民思想に代表される国家的イデオロギーの発現など、当時の国家支配の性格との関連に留意して「読み解」きたいと思う。書名を『『将門記』を読み解く』ではなく『平将門の乱を読み解く』としたのは上記のような理由からである。

したがって、将門の乱の経過や『将門記』を素材に議論されてきた将門の武士としての性格、合戦の具体像などについては、論の展開のなかで簡単に触れるにとどめることをあらかじめお断りしておきたい。

『将門記』について

先述のように、本書は「将門の乱」に現れた時代的特質を当時の国家支配と関連させて究明することに目的があるが、それを考えるためにも、その前提として将門の乱とはどのような反乱であったかを知っておく必要があろう。以下、本論に入る前提として、まず主要な史料である『将門記』の概要を記した後、将門の乱の経過を簡潔に整理することにしたい。

　平将門の乱を研究しようとする際の主要史料として『将門記』があることはいうまでもない。しかし、『将門記』の原本は現存しておらず、伝存するいくつかの写本を用いて研究が進められている。それらの写本のなかでも良質と評価されているのが、真福寺《しんぷくじ》本（名古屋市大須《おおす》観音宝生院《ほうしょういん》真福寺文庫所蔵）と楊守敬《ようしゅけい》旧蔵本（片倉本ともいう。個人蔵）である。ともに重要文化財に指定されている（図2・3）。

　真福寺本は、奥書から、承徳三年（一〇九九）正月二九日に大智房《だいちぼう》（所在地不明）で書写されたことがわかるが、真福寺に伝来した過程はわからない。清書本と考えられ、将門の乱の研究はこれを主な史料にして行われてきた。本書もこの写本を用いて論を進める。しかし、巻首《かんしゅ》に欠損があって、肝心の乱に至る発端はよくわからない。

　もう一本の楊守敬旧蔵本は、明治初期に来日した中国の清《しん》国公使楊守敬が収集した古典籍のなかに含まれていた写本である。彼がどのようにして入手したかは不明である。『弁中《べんちゅう》辺論《へんろん》』という経典の紙背《しはい》（紙の裏）を利用して書写されている。

　特徴としては、分量が真福寺本の五分の三程度しかなく、巻首も巻末も欠損していること、変体仮名《へんたいがな》による傍訓《ぼうくん》や返り点が数多く書き込まれていること、書体は書きなぐったよ

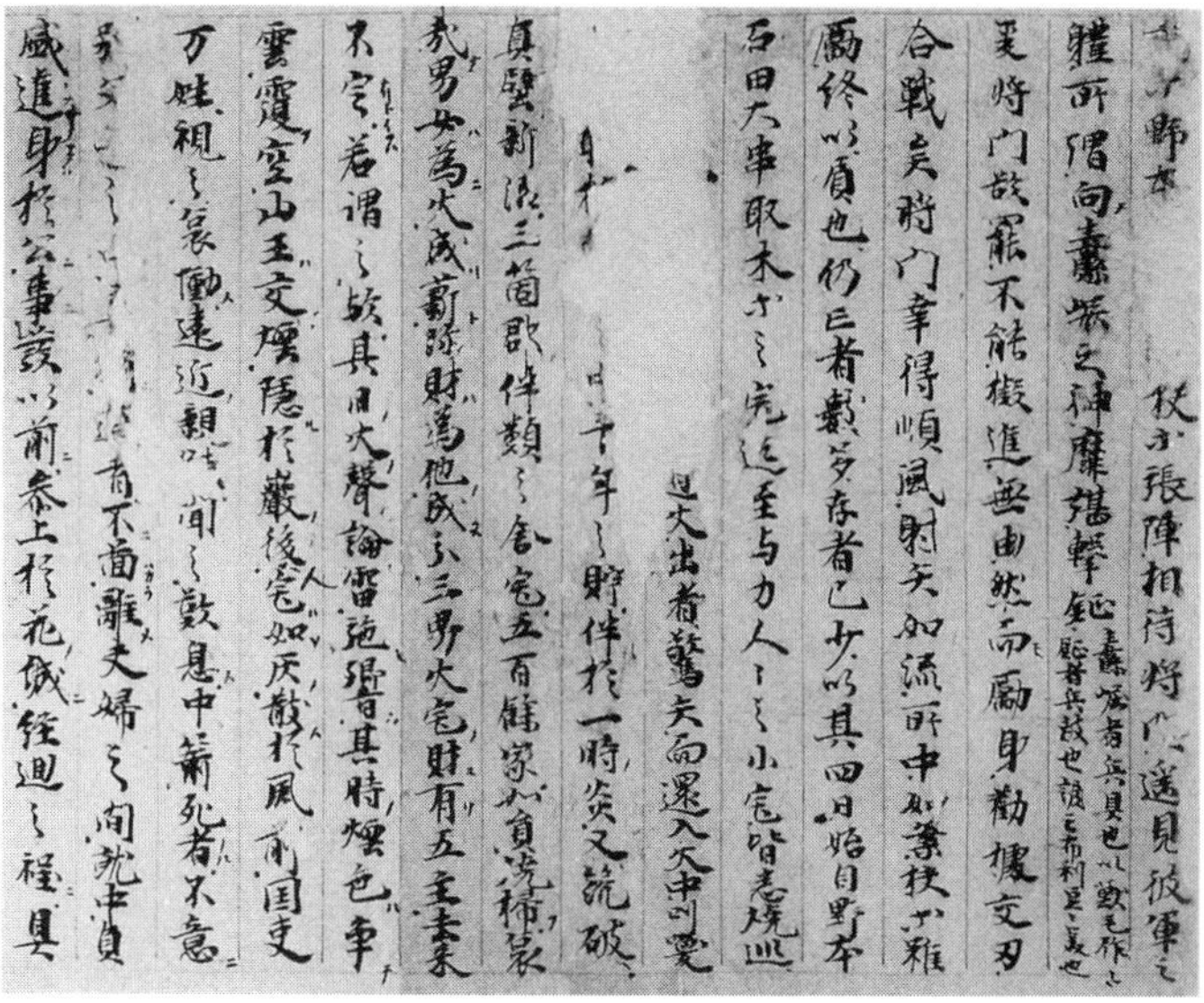

図２　真福寺本『将門記』（名古屋市中区・宝生院所蔵）

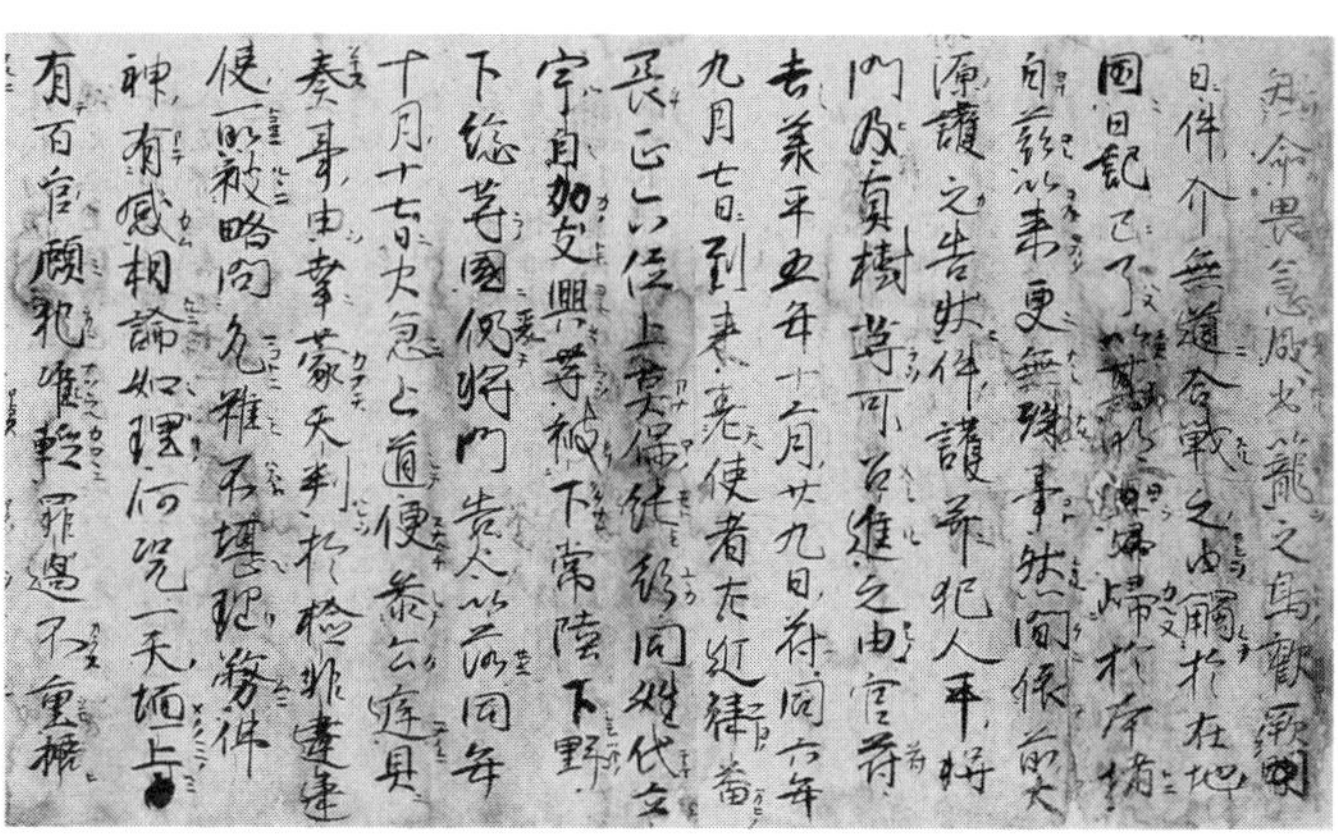

図３　楊守敬旧蔵本『将門記』（個人所蔵）

うな草稿本《そうこう》の趣《おもむき》をもつという。その書写年代も不明だが、真福寺本より一〇数年から数一〇年前と推測されている。

では、真福寺本の成立年代はいつなのであろうか。これも諸説があって残念ながら確定されていない。成立年代を示す重要な箇所は、『将門記』の巻末にある将門の「冥界消息《めいかいしょうそく》」という記事のなかに記された「天慶三年六月中記文」という年紀に関する識語である。従来はこれを『将門記』の成立年代として考えてきたが、これだと将門が誅殺《ちゅうさつ》されてから（二月一四日）わずか四ヵ月しか経っていないことや、これは「冥界消息」に関する年紀であって『将門記』の成立時期を示していないなどの説も現れ、まだ確定されていない。

このような状況であるから作者も不明である。将門の乱の経過に詳しいことから、東国の国衙の役人ないし僧侶説、将門の私君藤原忠平宛ての書状など中央でしか入手できない史料などが使用されていることから都の貴族説、さらに関東で作られた『原将門記《げんしょうもんき》』のようなものが京都で増補されて成立したという折衷説などが並立している状況といってよいであろう（以上の『将門記』に関する諸説については川尻二〇〇七、村上二〇〇四・二〇〇七などを参照のこと）。

最後に書名について。これまで何のことわりもなく『将門記』という書名をもちいてきたが、実はこれは仮に付けられた書名で、本来どのように呼ばれていたかは不明である。

それは、先に真福寺本、楊守敬旧蔵本とともに巻首が欠損していると記したことからも理解できよう。平安時代後期の編纂物である『扶桑略記《ふそうりやっき》』（『新訂増補国史大系』）などには「将門合戦状《かっせんじょう》」とか「将門合戦章《しょう》」などという名称が散見するから、もしかしたら当時はこのように呼ばれていたのかも知れない。

このように、つきつめていけば『将門記』には不明な点が多々あるが、将門の乱の経過については詳細かつ具体的で、当時の中央政界で記録された史料とも整合する内容が多いことを考えると、平将門の乱を研究する上で『将門記』は不可欠の書物といわざるを得ない。不明な点があることを十分意識しながら使用するのが肝要であろう。

平氏一族の内紛

通常、平将門の乱は、(1)平氏一族の内紛、(2)将門らの国府襲撃―反乱へ、(3)将門の「新皇」宣言と東国国家の建設構想、(4)朝廷の対応と将門の敗北、(5)乱後の賞罰、そして最後に付けられた(6)「冥界消息」の六つに区分して説明されることが多いので、ここでもこの区分に基づいて乱の経過を整理しておこう。

平将門は、桓武《かんむ》天皇の子孫高望《たかもち》王の孫で、父良持《よしもち》（良将）は鎮守府《ちんじゅふ》将軍であった（図4）。伯父の国香《くにか》や良兼《よしかね》らも常陸《ひたち》や下総《しもふさ》・上総《かずさ》など関東諸国の国司に任じられているから、将門一族は九世紀後半「群盗国に満つ」といわれた関東・東国の治安維持のために派遣された「一種の辺境軍事貴族」であると評価されている（戸田一九六八）。将門は若い頃、摂関家

図4　桓武平氏略系図

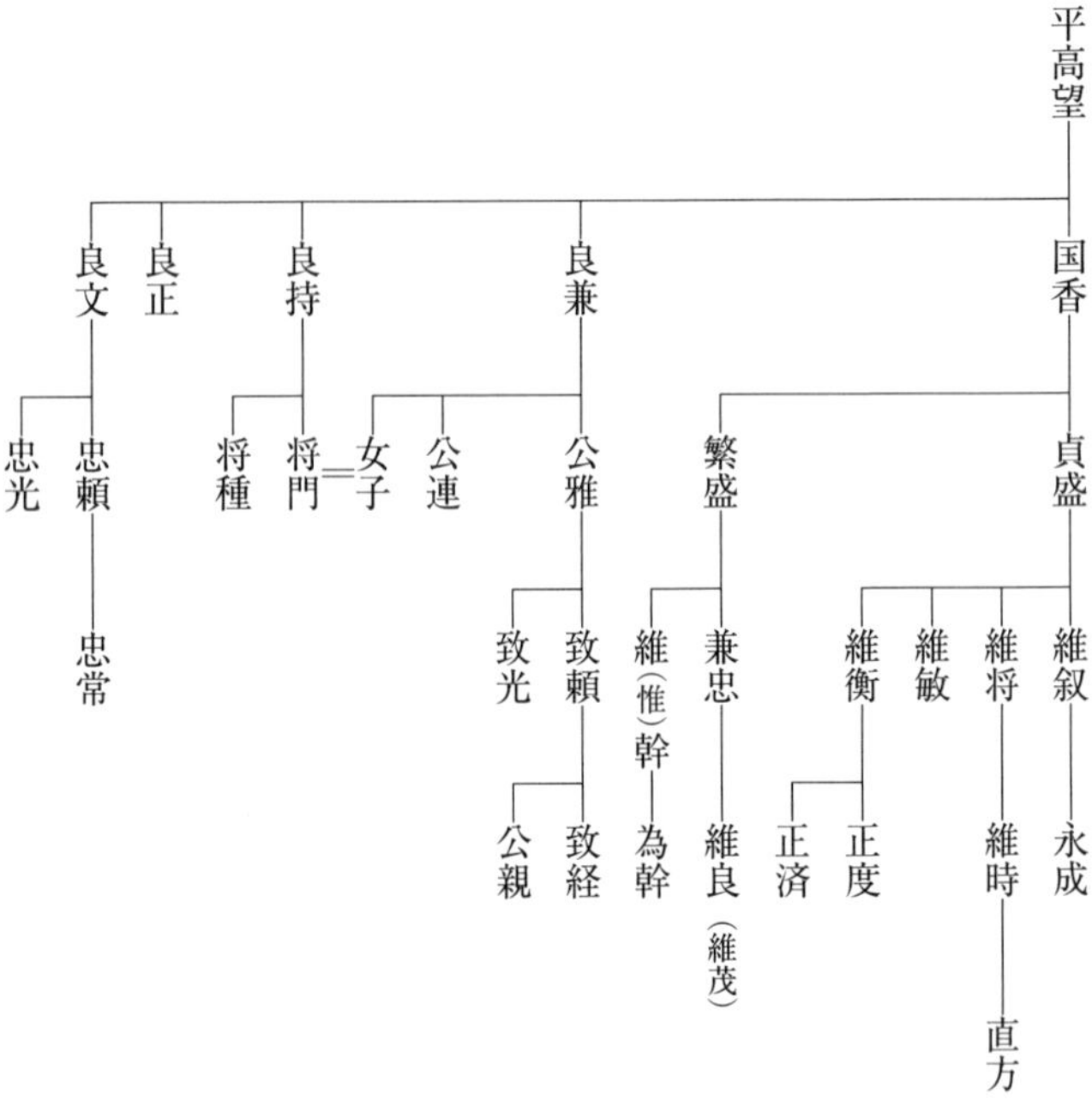

注　高橋二〇一〇をもとに作成。

の藤原忠平に仕えたことがあったようだが、都での任官がかなわずふたたび関東に戻り下総国猿島《さしま》郡石井《いわい》を本拠にしていた。

ところが延長年間（九二三〜三〇）になると一族との間に不和が生じ、ついに承平五年（九三五）内紛が勃発する。伯父良正《よしまさ》と血縁関係のある源護《まもる》らとの間に筑波山西麓（野本・石田・大串・取木ら）を舞台に合戦が開始された。内紛の要因は「女論」とか父の「遺領争い」などといわれるが、いまだ諸説があって確定されていない。これらの合戦で国香らが死ぬと良正は上総国にいた兄弟の良兼の参戦を要請した。それに応えて良兼が参戦すると舞台は一挙に拡大し、常陸・下総にとどまらず下野国国境付近まで広がった（図5）。

この間、源護の告訴状によって将門に召還の官符が下ったため、将門は慌てて上京し弁明をしたところ、運良く朱雀《すざく》天皇元服にともなう恩赦《おんしゃ》にあい、無事、下総国に戻ることができた。関東に戻るとふたたび良兼との合戦が始まった。子飼《こかい》の渡《わたし》の戦い、堀越の渡の戦い、筑波山中の弓袋山《ゆぶくろさん》（現湯袋峠）での対陣と合戦は続いたが（「平将門の乱関係図」参照）、将門は本拠の石井に良兼軍を迎え撃ち、勝利を収めることに成功した。

一方、父国香の死もあって常陸国に下向していた平貞盛は、関東の戦況を知って元のように宮仕えするために上洛することにした。それを知った将門が貞盛を追って信濃国小《ちい》

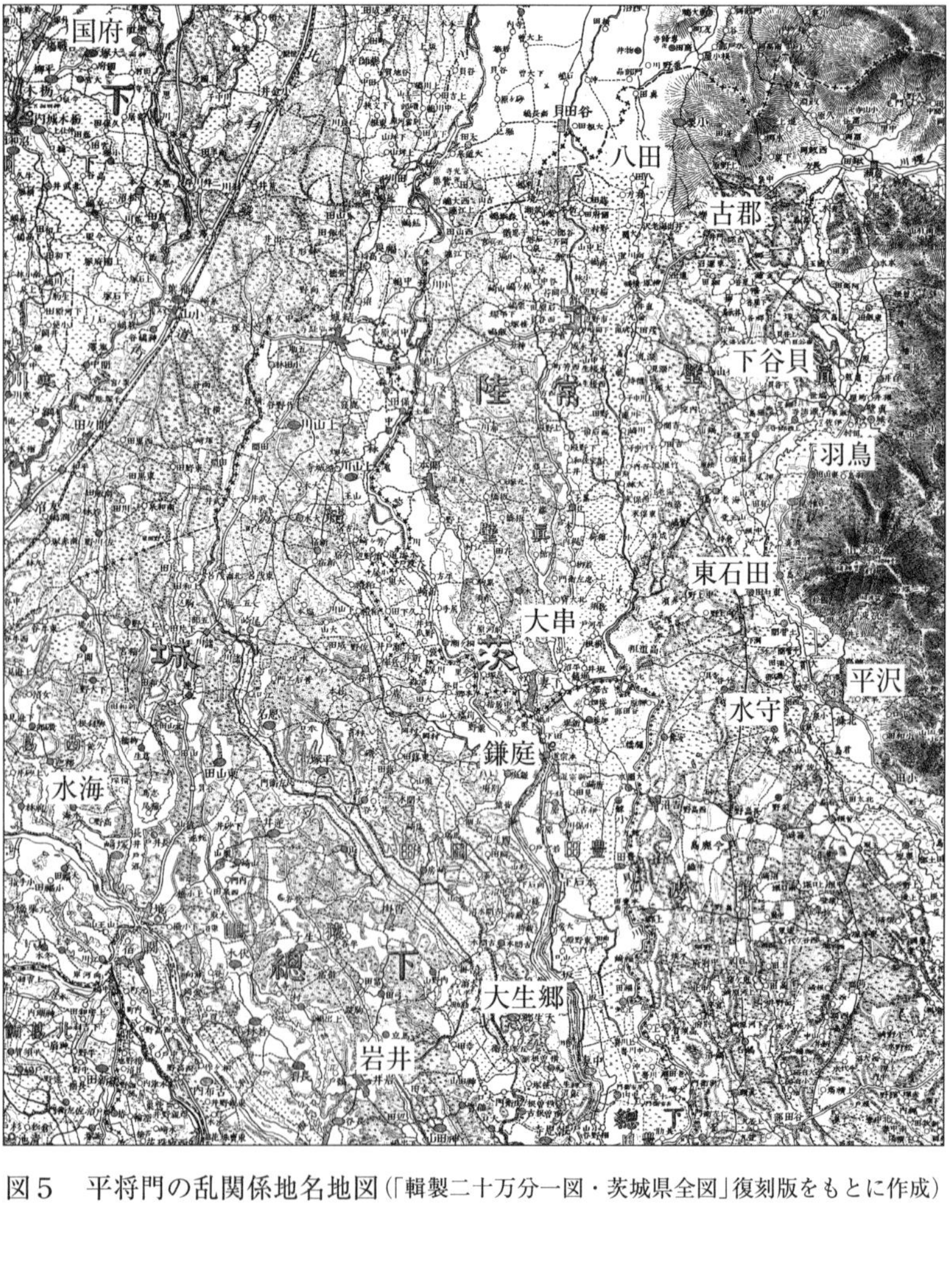

図５　平将門の乱関係地名地図（「輯製二十万分一図・茨城県全図」復刻版をもとに作成）

県郡《さがた》の国分寺付近まで追撃するようなことがあったが、石井の合戦後は一族の内紛は鎮静化に向かい、まもなく将門を執拗に追い求めた良兼も死亡した。

国府襲撃―反乱へ

そのような頃、武蔵国で国司の権守《ごんのかみ》興世《おきよ》王・介《すけ》源経基と足立《あだち》郡司武蔵武芝《むさしのたけしば》が対立するという事態が起こった。このことを知った将門は仲介のために武芝とともに武蔵国府に向かい、興世王とは無事和解したものの、将門の威勢を恐れて「狭服山《さふくやま》」（この地名の読み方は諸説あるが本書ではこの名称を採用する）に引き籠っていた経基の営所《えいしょ》を武芝の軍勢が誤って囲んでしまった。それを知った経基は興世王と将門が組んで自分を討とうとしていると思い込み、急遽上洛して二人の謀叛を太政官に奏上した。京中が大騒ぎになったことはいうまでもない。

早速、もとの私君太政大臣藤原忠平からことの実否を糺す御教書《みぎょうしょ》（三位以上の公卿が発給した文書）が将門の元に届いたが、将門は常陸・下総ら五ヵ国の国司から解状《げじょう》（上申文書）を取って、謀叛は無実であることを言上してことなくして済んだ。

ところが今度は、常陸国で豪族の藤原玄明《はるあき》と介藤原維幾《これちか》が官物の弁済をめぐって対立するという事件が起きた。維幾の追及に窮した玄明は将門を頼って下総国豊田郡に逃げ込んだ。維幾は玄明を追捕《ついぶ》するよう将門に「移牒《いちょう》（書状）」を送ったが、将門は応えなかった。

一方、玄明が介維幾の悪政をあげて将門に合力を求めたところ、将門も合意し軍勢を整えて常陸国府に向かった。そして、将門は介維幾に「玄明を常陸国に居住させ追捕すべきではない」という内容の「牒（書状）」を送ったが、維幾は承引しなかったため合戦になり、結果、常陸国府軍は敗北してしまった。維幾らは捕らえられ、「印鎰《いんやく》」＝国司の印と国倉《こくそう》（国府の財源を収めた倉）の鍵を将門に奪われてしまった。この事件を契機に、国府襲撃という国家への反乱が開始されることになった。

この時、将門のところに身を寄せていた興世王が「常陸一国を奪っただけでも罪は重いのだから、この際坂東全体を支配してしばらく様子をうかがったらどうか」と誘うと、将門も同意し、「私は桓武天皇の子孫なので、坂東八ヵ国を手始めにゆくゆくは王城を虜領《りよりよう》したいと思っている」と述べ、続いて下野《しもつけ》国府、上野《こうずけ》国府を襲い、それぞれ国司を追放し「印鎰」を奪って、両国も支配下に収めてしまった。

これが国府襲撃から反乱へ至る概要であるが、これら合戦の過程で将門が常陸介維幾から「移牒」を受け、さらに維幾に「牒」を送ることができたことは、将門の政治的地位を考える時重要である。

「新皇」宣言と東国国家の建設

このようにして上野国府に入り体勢を整えていたとき、一人の昌伎《しょうぎ》（巫女《みこ》）が現れ、「自分は八幡大菩薩の使いである。朕《ちん》（天皇）の位を平将門に授けよう。その位記（位階を書いた証明書）は菅原道真の霊

図6　国王神社（茨城県坂東市）

魂が伝えよう」と口走ったのである。これを聞いた興世王らは大いに喜び、将門もこの託宣を受けて自ら「新皇」と称した。先に紹介した将門の「新皇」宣言の場面である。早速、将門は私君で太政大臣の藤原忠平に書状を送り、自分が新皇として即位することの正統性を主張した（図6）。

このような行為に対し弟将平《まさひら》らのように諫《いさ》める者もいたが、将門はまったく取り合わず、坂東諸国司の除目（人事）を推し進めるとともに、「王城」＝宮都を「下総国の南亭」に建設することを命じた。そして、左右大臣以下文武百官を任命し、新皇の印や太政官の印の形状なども定めた。

支配体制を整えた「新皇」将門は武蔵・相模《さがみ》国なども含めて坂東諸国を巡見し、各国の印鎰を新任の国司に配って公務に務めるよう命じるとともに、自分が天皇の位に就いたことを京都の太政官に奏上した。こうして、「新皇」将門による「東国国家」が動き始めた。

朝廷の対応と将門の敗北

将門の謀叛と「新皇」即位を知った京都は大騒ぎになった。そして、さまざまな仏神を動員して将門の調伏《ちょうぶく》を祈願させた。一方、将門は残りの敵を討つため常陸国に発向した。那珂《なか》・久慈《くじ》郡に勢力をもっていた藤原氏に平貞盛らの居所を尋ねたもののわからなかったが、吉田郡の蒜間《ひるま》の江《え》付近で貞盛の妻らを捕らえることができた。将門は妻らにも貞盛の居所を尋ねたが聞き出すことはできなかった。

このように、貞盛の所在がわからないまま時間が経過したため、将門が軍勢を解いていたところ、それを知った貞盛と下野国の押領使《おうりょうし》藤原秀郷《ひでさと》が合戦を仕掛けてきた。あわてた将門は随兵を率いて下野に向かい、確かに四〇〇〇人ほどの敵軍を発見した。

将門軍の陣頭《じんがしら》多治経明《たじのつねあき》らが機先を制して秀郷軍を攻めたが、逆に敗北を喫した。逃げる将門軍を追って貞盛・秀郷軍は川口村（現茨城県結城郡八千代町水口）にいた将門本隊に襲いかかり勝利した。貞盛らは勢いに乗って兵士を集めて将門を討つべく下総国の境に向かった。将門は敵兵を国内におびき入れようとして猿島《さしま》の広江《ひろえ》に隠れたが、貞盛らはこの時とばかり、将門の邸宅をはじめ与力の人々の家をさんざんに焼き払った。

今度は貞盛が将門の居所を探したが発見できなかった。その間、将門は反撃すべく軍勢を整えようとしたが軍勢を集めることができなかったため、わずか四〇〇人余りで猿島郡の北山（現茨城県坂東市岩井付近）に陣を張り、軍勢が集まるのを待った。そうしているうちに貞盛・秀郷軍との合戦が始まった。最初は将門が順風《じゅんぷう》を得て合戦に勝利し、貞盛・秀郷軍は多数の死傷者を出し、兵の多くは逃げてしまった。しかし、勝利した将門が本陣に戻ろうとしたとき運悪く風下になってしまった。順風を得た貞盛・秀郷軍は必死に戦かったところ、ついに将門は天罰により「神鏑《しんてき》」（神が発した鏑《かぶら》矢）に当たって戦死した。このようにして、一族の内紛から約六年にわたった将門の乱は終焉を迎えた。

貞盛と秀郷は、この合戦の顚末を記した下野国の解文を添えて、天慶三年四月二五日に将門の首を進上した。

追討官符と乱後の賞罰

これより先、天慶三年（九四〇）正月一一日、朝廷は将門と兄弟さらに従者を追討するために太政官符を発し、将門らを討った者には勲功《くんこう》を与えると命じた。ちなみに、この官符が先に王土王民思想が採用されているとした官符である。そして、大将軍藤原忠文《ただふみ》・副将軍藤原忠舒《ただのぶ》らを遣わし、興世王や藤原玄明らを討ち、また、藤原忠舒と平公連《きみつら》を押領使として現地に下し、謀叛を起こした将門の郎等たちを追討させた。
一方、乱の鎮圧に功績のあった源経基、平貞盛、藤原秀郷には勲功があって、それぞれ従五位下、正五位上、従四位下の位を賜った。

『将門記』の将門の乱に関する叙述はここまでであるが、この後にいわゆる将門の「冥界消息《めいかいしょうそく》」といわれる文章がつづいている。

将門の「冥界消息」

これは大きく二つから構成されている。前半は、「田舎の人」が報じてきた冥界に落ちた将門からの「消息」＝手紙で、死後「三界国六道郡五趣郷八難村《さんがいこくろくどうぐんごしゅのさとはちなんむら》」に住むことになった将門が、中有《ちゅうう》（死後四九日間さまよっている場所）からの使者に託して告げてきたものであった。そこには、冥界での罪苦の様子と自分の救済のため兄弟・妻子に精進し仏僧に供養してほしいという内容が記されていた。

そして、この後に「天慶三年六月中記文」という識語があって、後半部が続いている。後半は、「或本ニ云ク」と始まって前半部にあった「冥界暦」の数え方に関する記述と将門の生涯に関する感想のような文章がおかれ、最後に「依テ里ノ無名謹ミテ表ス」という文章で『将門記』の全体が終わっている。

それにしても、「乱後の賞罰」までに紹介した内容とこの部分の内容がまったく異なっているのはなぜであろうか。実は『将門記』の研究においてさまざまな問題点が議論されてきたが、一番やっかいなのがこの「冥界消息」の理解なのである。まず、将門の乱に関する時間経過的な記述が終わっているのに、その最後にわざわざこのような文章が挿入されたのかもわからないし、さらに前半と後半の間に記された「天慶三年六月中記文」という年紀に関する識語も『将門記』の成立時期とからんで議論が分かれるところである。

これ以前の将門の乱の経過の紹介と違ってやや評価まで入ってしまったが、『将門記』の最後はこのような難しい内容で終わっていることを紹介しておこう。

「平将門の乱を読み解く」ための五つの論点

以上、長くなったが『将門記』と将門の乱の経過を概略した。最初に述べた問題意識と乱の経過を踏まえて、本書では以下の五点について検討を加え、「平将門の乱」を当時の国家支配の性格を含めた大きな視点から読み解き、「将門の乱」が物語る時代的な特徴を解明したいと思う。

第一は平氏一族内紛の要因についてである。先述のように、この要因をめぐっては「女論」説と「遺領争い」説などがあり、また最近はエミシ征討との関連が指摘されるなどいまだ確定をみていない。本書では将門の乱の舞台になった筑波山西麓の歴史的位置の再検討と、この地域のその後の政治的位置を検討することを通じて、この問題の解明を目指したいと思う。これによって、将門を含めた平氏一族の政治的基盤の特徴も明らかにしたいと考える。

第二は国府襲撃にみられる将門の政治的地位についてである。先の乱の経過においても記したように、将門は常陸介藤原維幾《これちか》と「移牒」「牒」を取り交わすことができる地位にあった。また、『将門記』は将門の本拠を「石井営所」と記すが、この「営所」は将門と戦った平良兼の本拠である「水守《みもり》営所」と、武蔵介源経基が立てこもった「狭服山《さふくやま》」の営所の三ヵ所しか確認できない特別な存在であった。この国司と牒のやりとりができる地位と、営所という特別の本拠を構えていたこととを合わせて、将門の政治的地位の具体的な根拠を明らかにしたい。

第三は、将門の「新皇」即位に際して八幡神と道真の霊魂が登場する政治的・思想的状況についてである。この事態は、八幡神と道真の霊魂＝天神がこの後、国家的な神祇体系のなかで重要な位置を占めるようになることを考えるならば、単に将門の「新皇」即位との関係だけから評価することはできず、当時の思想的・宗教的な状況全体から考えなければならないであろう。なぜこの場に現れたのか、それを可能にした当時の思想的・宗教的条件はなにか、という問題も含めて考えてみたいと思う。

第四は、これが「将門の乱」を考える際の一番肝心な問題であるが、将門の「新皇」宣言の歴史的意義に関する問題である。将門の「新皇」即位を突発的な事件として考えることもできるが、本書では、この事件の背後にはある種の皇統《こうとう》の揺らぎがあったのではないか、という視点からこの問題に接近したい。将門が「新皇」を宣言したのは突発的なことではなく、それなりの条件が整っていたからではないか、と考える。

そう考える根拠は、将門追討の官符に王土王民思想が採用されていたことである。先述のように、王土王民思想はそうやたらに発現されるものでなかった。それがこの追討官符に採用されていることは、当時の朝廷はこの乱が国家支配の根幹である王土王民思想に関わる重要な事件だと考えていたに違いないのである。

第五は、『将門記』の最後に記された将門の「冥界消息」についてである。実はこの時期、これ以外にも将門の記事を載せる冥界譚＝『僧妙達蘇生注記《そうみょうたつそせいちゅうき》』が残されているし、将門の「新皇」即位の場面に現れた菅原道真に関する冥界譚＝『道賢上人冥途記《どうけんしょうにんめいどき》』もある。これら「冥界消息」・冥界譚がこの時期に集中していることも、将門の乱のもう一面の影響を示していると考える。

さらに、前述したが、この「冥界消息」を理解するためには、やはり「天慶三年六月中記文」という年紀に関する識語がなにを意味するのかについても検討する必要があろう。これは『将門記』の成立年代を示す識語であるという説を中心に諸説がまだ確定をみていない状況なので、私なりの見解を提案したいと思う。

平氏一族内紛の要因

「女論」か「遺領争い」か

一族内紛の要因はなにか

代表的な諸説

平将門《まさかど》の乱に関しては『将門記《しょうもんき》』以外残存史料が少ないこともあり、解明されていない事実は多々あるが、その代表が将門が反乱に至る契機となった平氏一族内紛の要因であろう。将門と伯父国香《くにか》・良兼《よしかね》・良正《よしまさ》らとの内紛の要因をめぐっては、関係史料が少ないだけでなく『将門記』の巻首が欠損していることもあって、説得的な見解はいまだ出されていない。

といっても長い研究史のなかでいくつかの有力な説が出されているので、それらを紹介するとともに疑問点を提示し、それらを踏まえて次節以降で私見を述べることにしたい。

いままで提起されている説の代表的なものの一つは『将門略記《しょうもんりゃくき》』（名古屋市蓬左文庫蔵）に記されている「女論」説で、将門が良兼の娘を妻にするに際し、良兼との間に意見の違いがあり不和になったことが原因だという説である。二つ目は、『今昔物語集《こんじやくものがたりしゅう》』が伝える将門の父良持《よしもち》の遺領をめぐって対立があったとする説である。さらに近年になって、鬼怒川《きぬがわ》水系の利権をめぐる説、東北地方の利権をめぐる説などが提起されている。

これらの詳細は後述するとして、まず代表的な「女論」説・「遺領争い」説を検討し、その後に他の説についても取り上げることにしたい。

「遺領争い」説とその検討

まず、わかりやすい父良持の「遺領争い」説から検討することにしよう。この説の根拠になっているのは『今昔物語集』巻二五第一「平将門、謀叛を反《おこ》し誅せらるる語《こと》」の以下のような記述である（『新日本古典文学大系』）。

将門ガ父失テ後、其ノ伯父良兼ト聊《いささか》ニ不吉事《よからぬこと》有テ中悪《なかあし》ク成ヌ。亦、故良持ガ田畠ノ諍《あらそい》ニ依テ、遂ニ合戦ニ及（ぶ）、

将門の父良持は鎮守府《ちんじゅふ》将軍であったから、その職務に基づいた所領が相当量残されていたため、良持が死んだ後「田畠ノ諍」が起こった、というのである。なかには、将門が官職を求めて主と仰ぐ藤原忠平のもとに上京していたころに、父良持が死亡し、その遺領をめぐって対立が生じたと推測する先学もいる。

しかし、良持がどれほどの田畠を残していたかは確認できないし、将門の乱から一世紀

半以上も後の、一二世紀前半に編纂されたと考えられている『今昔物語集』の記述をそのまま信じることは危険をともなうのではないだろうか。

実際、『将門記』の記述に基づくならば、この時代、所領が重要な財産的価値として認識されていなかったことは、これまた多くの先学が指摘するところである。例えば、『将門記』の始まりを飾る一族との合戦は、

　その四日を以て、野本《のもと》・石田《いしだ》・大串《おおぐし》・取木《とりき》等の宅より始めて、与力《よりき》の人々の小宅に至るまで、皆悉《ことごと》く焼き巡る。（中略）また筑波・真壁・新治《にいはり》三ヶ郡の伴類《ばんるい》の舎宅五百余家、員《かず》の如く焼き掃ふ。

と描写されているように、焼土戦《しょうどせん》をその基本としていた。敵の支配領域を自分たちの領地として確保するのではなく、彼らの戦力に打撃を与えるために、彼らに味方する「与力」や「伴類」の宅を「焼き巡る」「焼き掃ふ」ことが第一の目標であったのである。

また、これも『将門記』の有名な箇所だが、良兼が将門の「駆使《くし》（従者）丈部子《はせつかべのこ》春《はる》丸《まる》」に将門の本拠「石井の営所」を案内させようと謀った時に出した次のような条件も、当時の財産的価値＝富の具体的な内容を端的に示している。

　若し汝実《なんじじつ》によりて、将門を謀《はか》り害せしめば、汝が荷夫《かふ》の苦役を省きて、必ず乗馬の郎頭（等）となさん。何ぞ況や、穀米を積みて以て勇を増し、衣服を分ちて以て賞に擬《ぎ》せん

や。

すなわち、子春丸がスパイになって得た情報によって将門を殺害することができた時、良兼がその褒美＝恩賞として提示したのは「乗馬の郎頭(等)」にすることと、「衣服」などの動産を与えることであった。後世のように、恩賞として領地や所領を給与することがまったく記されてないことに注目すべきである。領地・所領はまだ財産的価値をもっていなかったのである。

『今昔物語集』の記述の評価

さらに、このような『今昔物語集』の記述の評価に関しては、戸田芳實の仕事が参考になる。戸田は九世紀から一〇世紀にかけて出現する「富豪層」の性格と「富豪」としての富の実態について、『日本霊《りょう》異《い》記《き》』の説話とそれが『今昔物語集』に再録された際の記事とを比較することによって明らかにしている（戸田一九五九）。

その時、戸田が利用したのが次の二つの記事である。

A『日本霊異記』中巻第三四「孤《みなしご》の嬢女《おみな》、観音の銅《あかがね》の像《みかた》を憑敬《よりうやま》ひて、奇《あや》しき表《しるし》を示《あらは》し現報を得る縁」（『新日本古典文学大系』）

父母の有《い》ける時には、多く饒《ゆたか》にして財《たから》富み、数《あまた》屋と倉とを作り、（中略）父母命《いのち》終り、奴婢《やつこ》逃げ散《あか》れ、馬牛死亡《し》に、財を失ひて家貧しくして、

B『今昔物語集』巻一六第八「殖槻寺《うえつきでら》の観音、貧しき女を助け給へる語《こと》」

其ノ辺ニ其ノ郡ノ郡司有ケリ。（中略）（父母が死ぬと）仕ケル従者共《ども》モ皆行キ散リ、領シケル田畠モ人ニ皆押取《おしとられ》ナドシテ、知ル所モ無カリケレバ、不合《ふごう》ニ成ル事、日ヲ経テ増ル、

戸田は、説話の内容をそのまま事実として信じることは危険をともなうが、仏の功徳《くどく》を説くためにはそれなりの現代性が要求されるから、九世紀前半に作られた『日本霊異記』（A）と一二世紀前半に編纂された『今昔物語集』（B）との内容上の変化は一般通念の変化を示している、と評価したうえで次のように述べている。

『日本霊異記』における富豪の財は、土地所有よりもむしろあまたの屋倉に象徴される稲穀の巨大な蓄積、および奴婢・馬牛などの動産的富によって代表される。しかし『今昔物語集』の叙述では、それらに代わって「領シケル田畠」・「知ル所」（「知ル」は支配する意―木村）すなわち土地所有によって財産が代表され、奴婢に代わって「従者」が登場する。動産的富に代表される前者は「富豪」と呼ぶにふさわしく、土地財産に代表される後者は「領主」と呼ぶにふさわしい。

『日本霊異記』と『今昔物語集』との内容が、それぞれが編纂された時代性に合わせて表記されていること、したがって時代によって表記が変更されたことを理解していただけ

るであろう。

この戸田の研究を援用するならば、『今昔物語集』が平氏一族内紛の要因を「遺領争い」に求めているのは、『今昔物語集』が編纂された一二世紀前後の富の時代性を示しているのであって、この記述を一〇世紀前半に起きた平氏一族の内紛の要因として評価することはできまい。また、先に引用した丈部子春丸に約束された恩賞＝富が「穀米」や「衣服」であったことは、この富が『日本霊異記』段階の動産的富であったことも、この評価を裏付けてくれるであろう。

以上、やや冗長になったが、『将門記』の記す合戦の内容、および主従関係を確保する時の条件、そして、『今昔物語集』表記の時代性などを勘案するならば、『今昔物語集』の文章を前提に、平氏一族内紛の要因を将門の父良持の遺領（田畠）をめぐる対立に求めることはできないと考える。

「女論」説とその検討

「女論」説の根拠の一つは『将門略記』の次のような書き出しである（『新撰日本古典文庫　将門記』に拠る）。

夫《そ》れ聞く、かの将門は昔天国押撥御宇《あめくにおしはるきあめのしたしろしめす》柏原《(桓武)》天皇五代の苗裔《びょうえい》、三世高望《たかもち》王の孫なり。その父は陸奥《むつ》鎮守府将軍平朝臣良持なり、舎弟《しゃてい》の下総介平良兼朝臣は将門の伯父なり、而るに良兼去る延長九年を以て、聊《いささ》か女論に依りて　舅甥《しゅうとおい》の中すでに相違せり。

これによると、延長九年（九三一）に伯父の良兼と将門の間で「女論」があって仲違いが生じていたことがわかる。この「女論」については、将門の妻が良兼の娘であることと、堀越《ほりこし》の渡《わたし》の合戦後、彼女が良兼軍に捕らえられ上総国に連れ戻されたが、舎弟らの計《はか》らいで無事将門の本拠豊田郡に戻ることができたという『将門記』の記述から、この良兼の娘＝将門の妻をめぐる対立であると評価されている。

しかし、これも納得できる評価とはいえない。というのは、周知のように平氏一族の内紛が始まったのは承平五年（九三五）であって、『将門略記』が「女論」があったと記す年より四年も後のことだからである。いくら両者が娘＝妻をめぐって「相違」っていたとしても、四年も経った後に合戦が行われるというのは少々時間が空きすぎているのではないだろうか。もしその「相違」いが根底にあったとしても、四年後の合戦の直接的な要因は別に考えるべきであろう。

また、一族内紛の最初の合戦が野本・石田・大串・取木という筑波山西麓で起こっていることも、「女論」説とは整合しない。というのは、野本・取木は不明だが、石田は平国香の拠点で、大串は源護の拠点と伝えられており、彼らは良兼の姻戚であっても、良兼自身ではないからである。もし、良兼との戦いであれば良兼の拠点と推定されている水守《みもり》や服織《はどり》（羽鳥）を攻めるのが順当であろう（これらの地名の特性については後述する）。また、良兼が将門と源護《まもる》・良正との合戦が発生した後に、弟の良正の要請に応じて上総国から下総国まで出張《でば》ってきていることも辻褄が合わない。良兼の娘＝将門の妻が内紛の原因であれば、まず良兼と将門の合戦が起こらなければならないであろう。

以上のように、平氏一族内紛の要因の一つと考えられてきた将門と良兼との間の「女論」は、潜在的な要因としては考えられるかも知れないが、内紛の直接的な要因であったと考えることができないように思う。

では、上記二説以外の要因は考えられないであろうか。最近、将門の合戦の舞台や本拠の地理的位置の視点から新たな見解が提出されているので、紹介しつつ検討を加えることにしたい。

「鬼怒川水系利権」説

一つは鈴木哲雄が提唱する「鬼怒川水系の利権」をめぐる対立説である。鈴木は将門の乱の舞台の地理的・地形的状況を再検討して「香取内海《かとりうちうみ》」と「江戸内海《えどうちうみ》」とを設定して、この地域を「内海世界」として理解しようとしている（鈴木二〇一二）。その上で、鈴木はその内海世界を形成する河川と一族内紛の舞台と関係を検討し、多くの合戦が鬼怒川（毛野川）流域の子飼《こがい》の渡、堀越の渡、鎌輪宿《かまわのしゆく》などで起こっていることから、内紛の要因を「鬼怒川水系の利権」をめぐる対立に求めたのである（「平将門の乱関係図」参照）。

内紛地域の地理的条件を踏まえた興味深い提言であり、将門を「内海の領主」などと把握しようとしている点は新鮮であるが、残念なのはその「鬼怒川水系の利権」の具体的な内容についてはまったく説明されていないことである。私も、平氏一族の本拠や合戦の場所に着目して一族内紛の要因を検討しようとする視点は重要であると考えるし、その視点は継受したいと思うが、その利権の内容についてはもう少し突っ込んだ議論が必要であろう。

同じく、鈴木の視点を受け継ぎ、「関東における将門の支配領域や拠点の立地条件に注目して、地域史的に分析しなければ、その（一族内紛の）解答はみつけられない」と提起しているのが高橋修である（高橋二〇一五）。

「猿島郡結節点」説

高橋が「地域史的分析」として依拠しているのは内山俊身の研究（内山二〇一五）である。

内山は、将門の本拠である猿島《さしま》郡が古代のエミシ侵略で重要な役割を果たしていたこと、猿島郡の西に所在する水海《みずうみ》（現古河《こが》市）は猿島郡衙《ぐんが》と推定される上、東山道にも近接し、関東と東北を繋ぐ物流の集約点であったことなどから、平氏一族内紛の要因を奥州の利権をめぐる対立に求めている（図5）。

高橋は、この内山の研究成果に依拠しながら、前掲論文で次のように内紛の要因を説明している。

鎮守府将軍を勤めた父良持以来、奥州と深いつながりがあった将門が、（中略）関東の人や物を集約して奥州に送る結節点となる猿島郡を押さえ、上総・下総から常陸・下野に及ぶ族長・良兼の勢力圏を分断し吸収しようとしたことにある。

将門の乱と奥州との繋がりを明らかにした川尻秋生の研究とも関係し（川尻二〇〇七）、かつ将門の本拠のある猿島郡の政治的・交通史的位置を高く評価した斬新な見解である。しかし、猿島郡を中心としたこのような説は成り立つのであろうか。いくつか疑問点を指摘しよう。

その一つは、内山が指摘しているように、猿島郡が奈良時代のエミシ侵略に際して重要な位置を占めたことは間違いないとしても、それが将門の時代まで、一〇世紀前半までそうであったことは証明されていない点である。先述のように、川尻も将門と奥州との繋がりを強調しているが、その拠点が猿島郡であったとは明言していない。

二つ目は、内山は将門の本拠を猿島郡と広域的に捉え、猿島郡衙推定地の水海との関係を主張しているが、図5からも明らかなように、将門の本拠である石井の営所と水海とでは同じ猿島郡でも地理的に相当かけ離れており、この二ヵ所を区別することなく同一地域として議論することにはとうてい無理がある。

第三は、これは決定的だが、高橋自身が内山説を批判しているように、将門が水海を支配下においたことは確認できないし、その関係も不明なことである。

最後に、平氏一族の内紛のなかで猿島郡が合戦の舞台になったのは、内紛の最後に良兼に本拠の石井が攻められた時だけで、猿島郡が一族内紛の主要な対立点であったとは考えられない。

内山のように、猿島郡を中心とした奥州との物流の権益をめぐる対立が一族内紛の要因であるとするならば、猿島郡それも水海が合戦の舞台になってもおかしくないが、『将門記』をみる限り、それは確認できない。

また、高橋のいうように、一族内紛の要因が「関東の人や物を集約して奥州に送る結節点（中略）を押さえ、上総・下総から常陸・下野に及ぶ族長・良兼の勢力圏を分断し吸収しようとしたことにあ」ったとするならば、その結節点は猿島郡ではなく、鈴木のいうように、合戦の舞台であった鬼怒川水系と筑波山麓を東西に結ぶ陸路との交点である子飼の渡、堀越の渡、鎌輪宿付近と考えるべきであろう。

以上、鈴木と高橋・内山による新しい見解について検討したが、残念ながら両説とも納得することはできなかった。

「遺領争い」と「女論」、「鬼怒川水系の利権」争いと猿島郡をめぐる抗争も一族内紛の要因として考えられないとすると、当然、これら以外の新しい説明が必要になる。

以下、節を改めて、現時点での私見を述べてみることにしたい。

筑波山西麓の政治的位置

古代における筑波山西麓の政治的位置

平氏一族内紛の要因を考える時、やはり重要なのは、最初の合戦の舞台が野本・石田・大串・取木など筑波山の西麓だったことと、その後の合戦も子飼の渡・堀越の渡・鎌輪宿など、筑波山西側の鬼怒川（毛野川）流域であったということであろう。これは鈴木や高橋が重視する「地域史的」な分析と同じ視角である。

この問題を解くためには、少なくとも以下の二点を考える必要がある。一つは、この地域の古代以来の政治的な位置であり、もう一つはその地域に平氏一族が勢力を広げていた理由である。後者の問題は、前者の問題を解決することによってある程度答えが見えてくると思うので、最初に、この地域の政治的位置について整理しておこう。

図7　平沢官衙遺跡（茨城県つくば市）

まず、古代におけるこの地域の特質を考える時に重要なのは、これまでの研究で十分意識されてこなかったが、この地域には筑波《つくば》郡衙《ぐんが》と真壁《まかべ》（白壁《しらかべ》）郡衙、新治《にいはり》郡衙が所在したことである。

筑波郡衙は、国指定遺跡である現在の茨城県つくば市平沢の平沢官衙《ひらさわかんが》遺跡に比定されている（図7）。また、真壁郡衙は現筑《ちく》西《せい》市谷貝の谷貝廃寺《やたがいはいじ》に、新治郡衙は同市古《ふる》郡《ごおり》の新治郡衙遺跡に比定されており、これも国指定遺跡である。そのうえ、これら三つの郡衙がほぼ一直線上に配置されていることにも注目したい（図8）。とくに平沢官衙遺跡＝筑波郡衙の西方には現在も条里遺構が広範に確認でき、古代においても開発の拠点であったことがわかる。

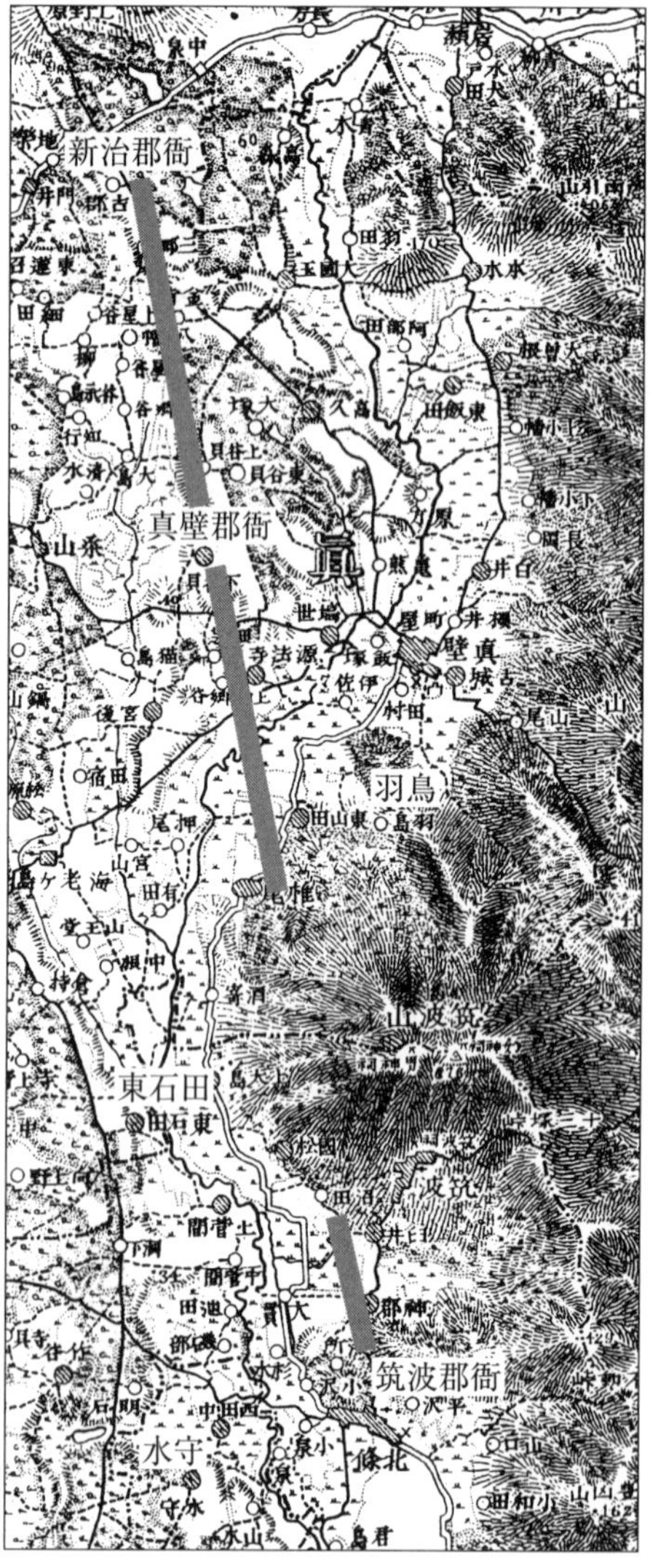

図8　筑波郡衙・真壁郡衙・新治郡衙関係図（「輯製二十万分一図・茨城県全図」復刻版をもとに作成）

そして、現在の石岡市に所在した常陸国府からこの三つの郡衙を経由して東山道につながる官道が通っていたことが推定されている。したがって、この地域は、三つの郡衙とこれらを結ぶ官道の存在が示すように、東山道を経由して奥大道、すなわち奥羽につながる重要な地域であったのである。

まず、一族内紛の舞台がまさにこのような政治世界であったことを指摘しておきたい。

内紛地域の交通史的特性

次に、一族内紛の舞台になった地名の特性（伝承を含めて）を、梶原正昭・矢代和夫（一九七五年）と村上春樹（二〇〇八年）の仕事を参考にまとめてみよう（「平将門の乱関係図」参照）。

まず、最初の合戦が行われた野本・石田・大串・取木についてである。『将門記』は次のように記している。

その四日を以て、野本・石田・大串・取木等の宅より始めて、与力の人々の小宅に至るまで、皆悉く焼き巡る。（中略）また筑波・真壁・新治三ヶ郡の伴類の舎宅五百余家、員《かず》の如く焼き掃ふ。（後略）

野本は不明である。**石田**は現筑西市の東石田に比定され、平国香の居館があったところと伝える。村上は『新編常陸国誌』に

真壁郡東石田村矢田と筑波郡大島村糸川との間にあり。承平年中、平国香之《これ》に居る。平将門来り攻め、国香自殺して館《やかた》廃す。

と記されていることなどを参考に、同地の「長光寺と鹿島神社の辺りが居館跡に想定されれ」るとしている。

大串は現下妻《しもつま》市大串に比定され、源護の息子の誰かの本拠であるという。**取木**は現桜川

市本木と考えられ、源護の居館があったところといわれている。

これらは、将門が合戦を仕掛け焼き討ちした地域なので当然であるが、将門に敵対する平国香や姻戚の源護らの勢力範囲であった。

これらの地域と密接に関係するのが、将門と戦うために上総国から出張ってきた良兼が拠点とした「水守営所」である。水守は現つくば市水守に比定され、平良正の居館があったところとも良兼の本拠ともいわれるが、水守は『将門記』に記された三ヵ所の「営所」のうちの一つ（後の二つは、将門の軍勢に攻められた源経基が籠もった「経基が営所」と、将門の本拠である「石井営所」）であることからも、この一族内紛において良兼側の重要な位置を占めていたことがわかる。

さらに注目したいのは、水守が先に述べた筑波郡衙に比定されている平沢官衙遺跡の二・二キロほど西に位置していることである。この官衙遺跡は一一世紀まで継続していたと評価されているから、水守は単に軍事上から設定された拠点ではなく、筑波郡衙との関係を意識して設定された政治的拠点であったと考えられる。

また、水守の北に位置する服織（現桜川市羽鳥）も注目したい。『将門記』に、良兼が自分を討つため常陸国に出張ってきたことを知った将門が、
十九日を以て、常陸国真壁郡に発向す。乃《すなわ》ち彼の介の服織の宿《しゅく》より始めて、与力・

　伴類の舎宅員の如く掃ひ焼く。

と記されているのがそれである。この記事によると、服織が宿であったこと、そして「彼の介の服織の宿」と明記され、そこに良兼勢の「与力・伴類」が「舎宅」を構えていたように、服織が良兼の本拠の一つであったことがわかる（以下、服織は現地名などを優先し「羽鳥」と表記する）。実際、ここには良兼の墓と伝えられる遺跡があり、現存する羽鳥天神古墳も良兼に関係するといわれている。

図9　歌姫神社（茨城県桜川市）

羽鳥歌姫神社の碑文

　さらに注目されるのは、羽鳥の歌姫神社（図9）から発見された碑文である（梶原・矢代一九七五、樋口二〇一五）。

延長四年二月廿五日
常陸国羽鳥菅原神社
為右菩提供養也〈所建〉
菅景行源護平良兼等共也

この碑文は常総《じょうそう》市大生郷《おおのごう》に鎮座する大生郷天満宮から発見された別の碑文とともに、明治四四年（一九一一）に飯島六石によって発見され報告されたものであるが、形式・内容から判断して延長四年段階のものとは考えられない。しかし、大宰府《だざいふ》に左遷され同地で憤死した菅原道真《すがわらのみちざね》の霊を供養するために、延長四年に子の景行《かげゆき》と源護・平良兼らが羽鳥に菅原神社を建立したという伝承が残されていることは注目すべきである。

この碑文は、大生郷天満宮の碑文とともに、将門が「新皇」に即位する際の巫女《みこ》の託宣《たくせん》に菅原道真の霊が登場することと密接に関係するので、詳細は第三章の「「新皇」即位と八幡神・道真の霊」の節で再度検討するとして、ここでは羽鳥の地が源護・平良兼と関係が深かったことを示す史料として確認しておきたい。

源護・平良兼の勢力圏

このように、野本・石田・大串・取木さらには水守・羽鳥と、筑波山西麓には将門の敵対勢力である源護と平良兼側の拠点が広く分布していたことは間違いない。石井進は『将門記』の先の記述に着目し、彼らの勢力圏を次のように復元している（石井一九八七）。

①野本・石田・大串・取木など四ヵ所の「宅」を中核とし、②その周辺部に「与力の人々の小宅」があり、③さらにひろく「三箇郡」内に「伴類の舎宅　五百余家」が散在するという、いわば、宅―小宅―舎宅の三重構造を原形として成立していたことが

うかがわれる。

やや『将門記』の記述に真を置きすぎている感はあるが、良兼らの勢力構造をみごとに表現しているともいえよう。

そして、この地域は筑波郡衙・真壁郡衙との関係も深く、かつ常陸国から東山道に繋がり、それを経由して奥大道＝奥羽にも連絡する重要な地域であったのである。

鎌輪宿の交通上の位置

それに対して、将門の本拠はどうか。将門の本拠として有名なのが石井《いわい》営所であるが、これは現在の千葉県坂東《ばんどう》市島広山付近に比定されている。地図（図5）からも明らかなように、平良兼らが勢力基盤とした筑波山西麓とはそうとう隔たっているし、先に検討したように、猿島郡衙と推定される水海からもかなり離れている。

そのため、一族内紛に際して将門が拠点としたのは、『将門記』による限り鎌輪宿であった。鎌輪宿は下妻市鎌庭付近に比定されており、旧鬼怒川の渡河点である堀越の渡と一体の宿であった（図10・11）。これらのことを踏まえて、鈴木は前掲書で平氏一族内紛の原因を「鬼怒川水系の主導権」争いと評価したのである。故なしとはいえない。

しかし、上記のような平良兼側の勢力基盤と比較すると、戦場が鬼怒川流域であったとしても、紛争の要因が鬼怒川水系の主導権争いであったとはいえないように思う。

図10　鎌輪宿跡を伝える碑（茨城県下妻市・千代川公民館所在）

そこで注目すべきは鎌輪宿の陸路交通上の位置である。これもすでに鈴木が指摘しているように、「水守営所から子飼の渡、堀越の渡、葦津《あしづ》の江とほぼ一直線上に位置していた」ことである（図11）。

この点を踏まえて鈴木は次のように評価している。

鎌輪宿と堀越の渡の位置は、毛野川流路（衣《きぬ》川《がわ》・子飼川筋を含む）の水上交通と、常陸国と下総国北部を東西に結ぶ陸上交通とが交差する要衝の地であったことになる。通説のように、鎌輪宿が将門の拠点の一つだとすると、将門は鎌輪宿によってまさにこの地域の水陸交通の両方を支配していたのである。

鎌輪宿の政治的・交通的位置を明らかにした重要な指摘である。さらに私見を二点付け加えるならば、このルートは水守を経由して筑波郡衙と繋がっていた可能性が高いことで

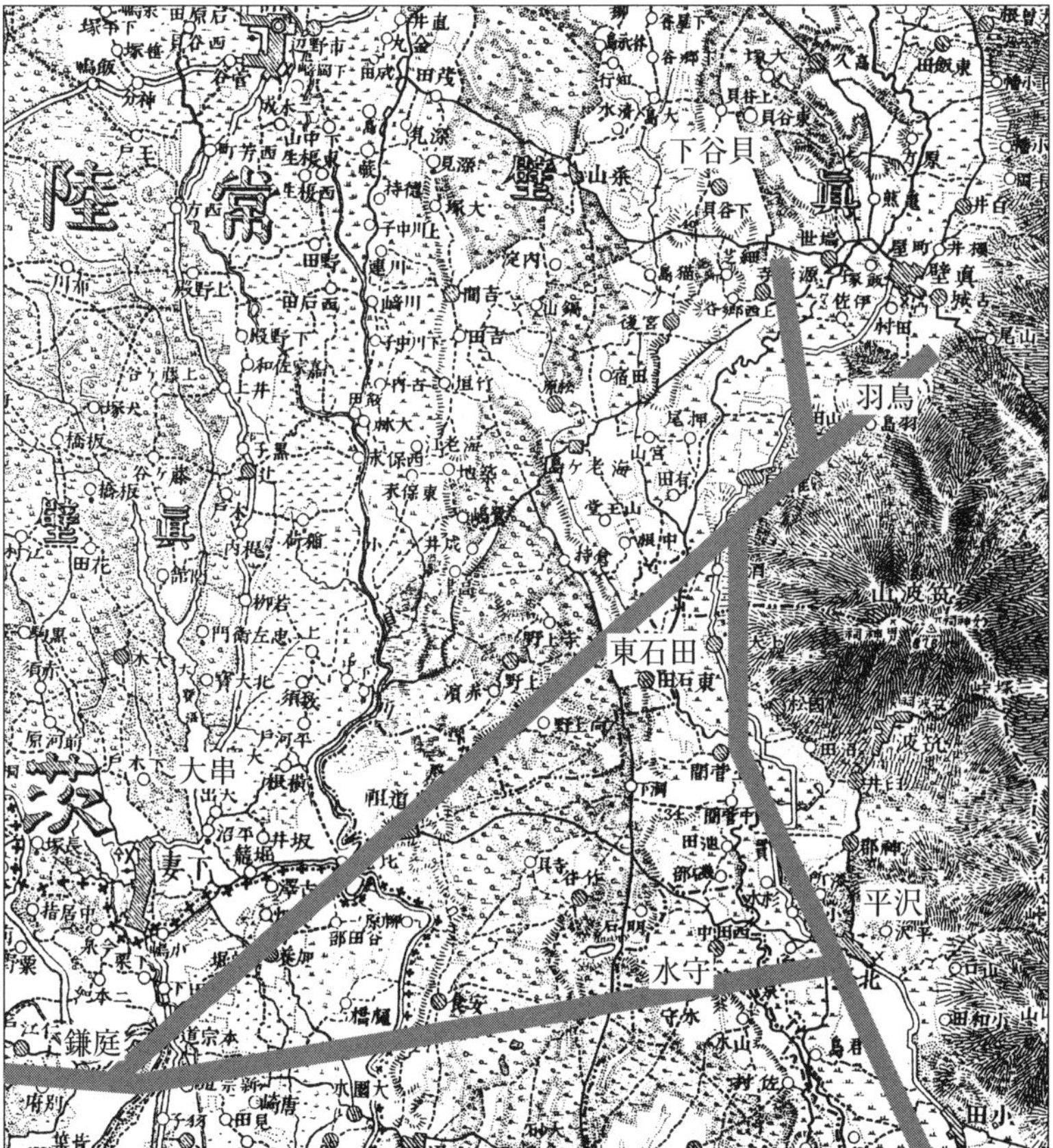

図11　平沢(筑波郡衙)・水守・鎌輪・羽鳥関係図（「輯製二十万分一図・茨城県全図」復刻版をもとに作成）

ある。そして、第二に、最初の合戦があった取木（本木）・服織（羽鳥）・石田・大串を繋ぐラインを延ばすとこの道も鎌輪宿に繋がる可能性が高いことである。

すなわち、鎌輪宿は常陸国府から北上してきた官道から分岐し水守を経由して西走する道と、筑波山西麓を繋いで西に向かうルートが交差する交通の要衝であった可能性が高いのである。鎌庭宿の陸路上における重要性は鈴木の指摘以上であったといえよう。将門は、このような下総国北部の陸路の要衝を拠点にしていたのであった。一族内紛の最初の合戦も鎌輪宿を拠点に出陣したと考えられよう。

これら二本の交通路の存在が認められるならば、羽鳥の重要性も高くなる。なぜなら、筑波郡衙・真壁郡衙・新治郡衙を南北に結ぶ官道と、取木（本木）・石田・大串から鎌輪宿へと東西に延びる街道との交点が羽鳥付近になるからである。

このように考えられるならば、鈴木の説を否定するつもりはないが、良兼が拠点とした水守・羽鳥と、将門が拠点とした鎌輪宿とはともに筑波山西麓の陸上交通の要衝であったという評価が可能になろう。この点を押さえたうえで、もう少しこの地域の政治的特徴を追いかけてみよう。

乱後の筑波山西麓の政治的位置

水守と常陸平氏

将門の乱後のこの地域でふたたび筑波山西麓で注目されるのは水守である。常陸平氏《ひたちへいし》系図などによると、将門の乱を平定した平貞盛の弟繁盛《しげもり》の子維幹《これもと》が「水漏《みもり》」(水守)を名乗っているからである。また、維幹の子為賢《ためかね》も「水守」を名乗っているから、将門の乱で平良兼が基盤とした水守は、貞盛の弟繁盛流に引き継がれたということができよう(図12)。

ところで、この貞盛と繁盛流の関係については、野口実・高橋修の興味深い研究がある。まず野口は、貞盛が『今昔物語集』巻第二五第五「平維茂、藤原諸任を罰《う》つ語《こと》」に、「曾《お》祖伯父《おおじ》貞盛ガ甥《おい》并ニ甥ガ子ナドヲ皆取リ集メテ養子ニシケルニ」と記されていることを踏まえて、貞盛の子と思われる人物について検討して、維敏《これとし》・維将《これまさ》・維幹ら九名が貞盛の実

図12　常陸平氏略系図

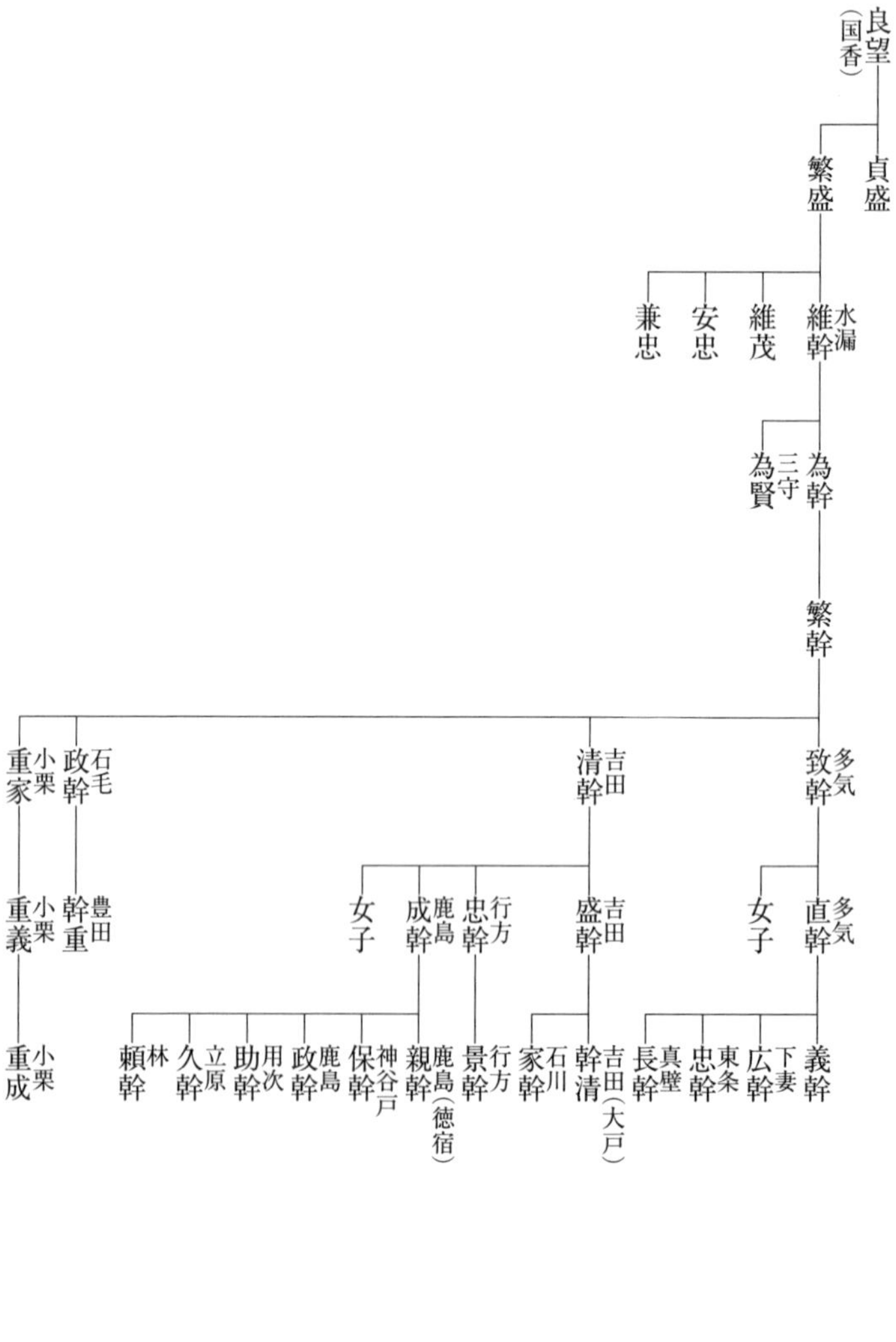

注　高橋二〇一〇をもとに作成。

子ないし養子であること明らかにしている（野口一九七八ａ）。

これによるならば、繁盛の子維幹も貞盛の養子であったから、水守は繁盛流が引き継いだというよりは、貞盛流が直接引き継いだと評価すべきであろう。重複するいい方になるが、良兼の基盤は貞盛流が継受したのである。

さらに野口は、貞盛の子息の官歴を調べ、貞盛の直系の多くは京都に進出し衛門府《えもんふ》の尉《じょう》から受領《ずりょう》になっているのに対して、養子になった繁盛系統は「都の武者」にはなれず、「地方軍事貴族」にとどまったとして、維幹・維茂・維良の名をあげている。

この指摘を受けて、両系統の関係を具体的に明らかにしたのが高橋である（高橋二〇一五）。高橋は、長保元年（九九九）繁盛流の維幹が花山院御給《かざんいんごきゅう》の叙爵《じょしゃく》（五位に叙されること）を受けるに際して、貞盛流の常陸介維叙《これのぶ》が主人の藤原実資《さねすけ》を介して「爵料《しゃくりょう》不足料絹廿六疋」や「維幹名簿」を院に提出し、二日後には叙爵が決定していること。さらに、仲立ちをした実資には別に「馬三疋毛付」が贈られていることなどから（『小右記《しょうゆうき》』長保元年一二月九日条）、この絹や馬は受益者の維幹が同族の維叙に届けたものであり、それが叙爵のための献上品として院や実資に進上されたと推測している。

そして、これらの例を踏まえたうえで、次のように評価している。

貞盛流は、京で人脈を築き、それが繁盛流の常陸での勢力拡大に活用される。（中略）また逆に繁盛流から送られる兵士材料や様々な資財は、京で貞盛流が栄達を遂げるために活用されることになる。武士団のイエ内部の分業による共栄が実現されていたのだ。

貞盛流と繁盛流との一族内部の「循環構造」がみごとに解明されている。そのうえで、高橋は都で活動する貞盛流と「連携して常陸で経済的基盤や武士団の拡充を図る」地方軍事貴族としての「繁盛流を、特に常陸平氏と規定」すると評価している。すなわち、これらの研究によるならば、維幹が拠点にした水守は常陸平氏の発祥の地であったのである。

さらにもう少し維幹を追いかけてみると、維幹が「多気《たけ》大夫《だいふ》」と称され、大富豪であったことが注目される（『古本説話集』『宇治拾遺物語』）。『常陸《ひたち》大掾《だいじょう》氏《し》系図』の維幹も「多気大夫、亦水漏大夫」と記されているし、維幹の三代後の致幹も「多気」氏を名乗っているから、維幹流は最初水守を拠点として勢力を拡大した後、多気に移りここを本拠としたのであろう。水守と多気との関係については後述することにしたい。

平維幹の軍事力

もう一つ維幹に関するエピソードを紹介しよう。これは石井進によって紹介された有名な話で（石井一九八七）、『今昔物語集』巻二五第九に収録されている「源頼信朝臣、平忠恒を責むる語《こと》」である。

表題にあるように、これは常陸守源頼信が平忠恒（常）を攻めた時の話であるが、いわゆる平忠常の乱（長元元年〈一〇二八〉～同四年）以前の一一世紀初頭に起きた頼信と忠常の戦いについて記したものといわれる。したがって、将門の乱直後の話ではないが、常陸平氏の軍事力を物語る興味深い話である。

それによると、忠常を討とうと急ぐ頼信の前に平維基《これもと》（幹）が現れ、「彼ノ忠常ハ勢有ル者」なので、「少々（の軍勢）ニテハ世ニ責ラレ侍ラジ。軍（軍勢）ヲ多ク儲《もうけ》テコソ超サセ給ハメ」と忠告した。しかし、はやる頼信はそれを聞かず忠常の本拠である下総国に出陣したところ、維基が「三千騎軍ヲ調ヘテ、鹿島ノ御社ノ前ニ出来《いでき》会タリ」したのであった。その時、頼信が引き連れていた軍勢は「館ノ者共、其《その》国ノ兵共」合わせて「二千人許《ばか》リ」りであったという。

石井はこの説話から平忠常攻撃軍の構成が

A　常陸守源頼信の軍　a「館ノ者共」

a′「国ノ兵共」

B　平維基の軍

からなっていたことを導きだし、これをもとに中世成立期の国衙軍制の特徴を解明したことはよく知られている。

私は、ここで注目したいのは、維幹が常陸守頼信に忠告できるような自立した立場にあったこと、そして、国守軍とは別個の軍事編成を取っていたことであり、その軍勢も国守軍をはるかに超える人数を擁していたことである。先にも述べたように、この話は将門の乱から半世紀以上も経ったできごとであり、一一世紀末〜一二世紀初頭に編纂された『今昔物語集』編者による脚色が入っている可能性もあるが、一一世紀初頭の常陸平氏の政治的地位と強力な軍事力を如実に物語っているといえよう。

水守・多気と常陸平氏

やや平維幹の話題に入りすぎたので、話を維幹が名乗った多気氏に戻すと、多気氏は、最近異論も出されているが、後に「常陸大掾氏」を名乗る常陸の大武士団である（高橋二〇一〇a）。そして、この維幹が名乗った多気は、先述の水守の東側、筑波山西麓の平沢官衙遺跡のすぐ北に位置していたことに注目すべきである（図14）。すなわち、多気は古代の筑波郡衙や良兼が拠点とした水守を引き継いで建設された筑波山麓の重要な政治的拠点であったのである。そして、この多気こそ常陸平氏が常陸大掾氏へ発展する本拠であった。ここには戦国時代の遺構を残す多気山城も現存している（図13）。

このように、良兼が本拠とした水守とその東側に近接する多気一帯は繁盛流に受け継がれ、常陸平氏、後には常陸大掾氏の拠点として重要な位置を占めていたことがわかる。そして、これらの地が平沢官衙遺跡＝筑波郡衙とほぼ同一の地域であることを勘案するなら

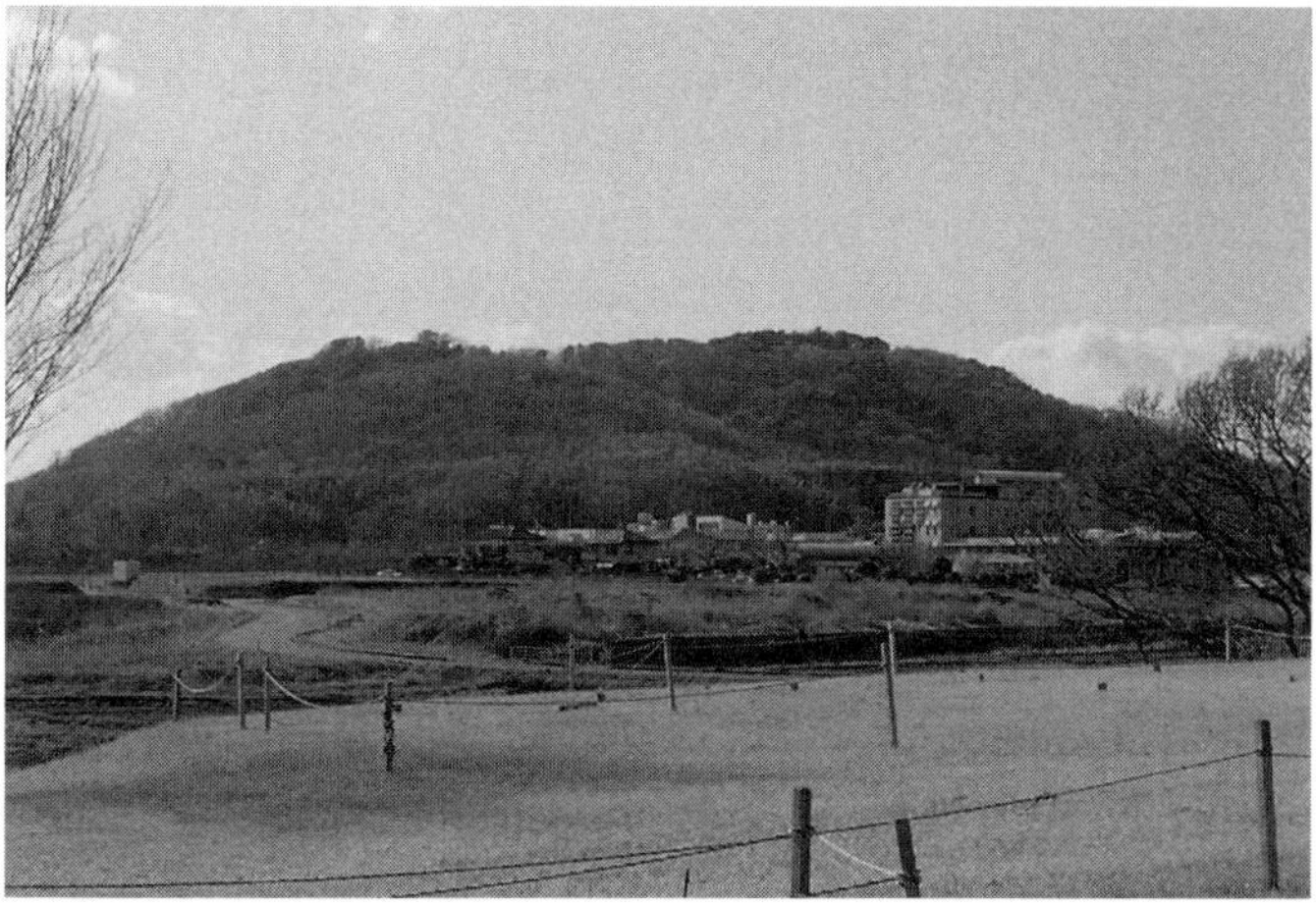

図13　平沢官衙遺跡からみた多気山城跡（茨城県つくば市）

図14　平沢（筑波郡衙）・水守・多気山城関係図（５万分の１地形図「真壁」「土浦」明治38年測図・同40年製版をもとに作成）

ば、繁盛流は古代以来の筑波郡衙の権威と政治的位置を一族の発展に利用していたとも考えられよう。

宇都宮―常陸府中を結ぶ幹線道路

もう一つ注目したいのは、下野国の有力武士宇都宮氏から出た八田《はった》氏の展開過程を検討した高橋修の研究である（高橋二〇〇九）。高橋は八田氏の名字の地を常陸国新治郡小栗御厨《おぐりのみくりや》（現筑西市）と伊佐《いさ》郡（新治郡北条）との境で、小貝川《こかいがわ》流域の「八田」（現筑西市）に求めるとともに（図5）、八田氏が「八田」を本拠とした理由として、この地が下野国宇都宮と常陸府中（現石岡市）とを結ぶ南北の主要幹線上に位置していたからだと評価している。

いまここで八田氏の展開過程について論じる余裕はないが、高橋がこの宇都宮―常陸府中を結ぶルートを「奥大道の要衝（宇都宮）と、常総の内海世界を背景にもつ東海道上の政治都市（常陸府中）とを連結する、この地域の主要幹線と位置づけることができる」と評価していることに注目したい。

そしてさらに、源頼義《よりよし》が安倍貞任《さだとう》を討つため陸奥国に下った折、常陸平氏の「彼女」（多気致幹《むねもと》か父為幹《ためもと》の孫娘）に会った「旅のかり屋」（『奥州後三年記』〈『群書類従』第二〇輯〉）をこの宇都宮―常陸府中ルート上の常陸平氏の拠点のどこかに求めて、このルートが頼義が安倍氏追討に向かう永承六年（一〇五一）段階にすでに存在していたと評価しているのは重要である。

なぜなら、このルートは「筑波山西麓の政治的位置」の節で指摘したように、古代において常陸府中から筑波郡衙―真壁郡衙―新治郡衙を経由して東山道に繋がる官道とほぼ同じルートを通っているからであり、それが少なくとも一一世紀中葉には存在していたというのであるから、高橋が評価した宇都宮―常陸府中ルートとは古代の常陸国を南北に貫く官道を踏襲したルートであったと考えられるからである。したがって、このルートは古代・中世を通じて常陸国と東山道、さらには奥羽を繋ぐ主要幹線道路であったと評価すべきなのである。

筑波山西麓の歴史的・交通史的特質

やや冗長になったが、まず平氏一族内紛の要因に関するこれまでの主要な説を検討し、続いて「筑波山西麓の政治的位置」と「乱後の筑波山西麓の政治的位置」の節で私見を述べた。これまでの研究は将門の行動を中心に議論されることが多かったが、ここにおいては、鈴木・高橋の「地域史的分析」の視点に学び、一族内紛の舞台＝筑波山西麓の歴史的、交通史的特質に焦点をあてて検討した結果、次のような私見を得ることができた。

まず、良兼らが拠点とした水守・羽鳥らは、常陸国府―筑波郡衙―真壁郡衙―新治郡衙、さらに東山道を結ぶ主要な古代官道の要衝であった。それに対して、将門の拠点である石井営所が良兼らの勢力範囲である筑波郡・真壁郡から相当隔たっていたことを考えると、一族との合戦においてはもう一つの拠点であった鎌輪宿が用いられた可能性が高い。鎌輪宿は筑波山西麓の交通の要衝でもあった。

このように、平氏一族の内紛の主要舞台は水守・羽鳥・鎌輪など筑波山西麓の水陸交通の要衝であった。

さらに良兼の本拠である水守は、貞盛の養子（貞盛の弟繁盛の子）維幹に引き継がれ、常陸平氏の隆盛の基盤となった。維幹三代後の致幹は水守の東側で筑波郡衙に近接する多気を本拠に多気氏を名乗り、この一族が常陸大掾氏に発展する。

また、一一世紀後半には、宇都宮―常陸国府と結ぶ幹線道路の存在が確認でき、この道路は常陸国と東山道、さらには奥州とを繋ぐ主要幹線であり、先述した古代の官道を踏襲した交通路であると考えられる。

平氏一族内紛の要因

平将門・平氏一族の政治基盤

以上のような評価が認められるとするならば、良兼流は早い段階から筑波山西麓に政治基盤をもっており、彼らは常陸国府と宇都宮、さらには東山道を経由して奥羽に繋がる主要幹線を掌握していたと考えられる。それは、将門がその最初の合戦において焼き払った良兼流の支配地域として、「野本・石田・大串・取木等」に続いて「筑波・真壁・新治三ヶ郡」があげられていたことがよく示している。そして、その支配の拠点こそ水守・羽鳥、そして後の多気であった。

また、良兼は将門を攻める際、下野国府や下総国北部の結城《ゆうき》郡《ぐん》法城寺《ほうじょうじ》付近に陣を敷いているが、これについては、南北に延びるいくつもの河沼によって軍勢を東西に進められなかったためと説明されることが多い。しかし、良兼らが真壁・新治郡まで及ぶ主要幹線を支配下に治めていたからこそ筑波山麓から遠い下野国府・法城寺付近にまで軍勢を進めることができたとも考えられる。

また、貞盛と連携しつつ水守を拠点に地方軍事貴族として勢力を拡大しようとした維幹が貞盛の養子であったことは、この維幹の動向は乱後に生じた事態ではなく、まさに将門の乱と同時代的に進行していたと考えるべきである。それは、維幹の父繁盛に関する次の史料によって裏付けられる。

それは、寛和三年（九八七）正月二四日に発布された太政官符で、「散位従五位下平朝臣繁盛」が書写して比叡山延暦寺に奉納しようとした「金泥大般若経《こんでいだいはんにゃきょう》一部六百巻」が、繁盛を「旧敵」とする良文流平氏の平忠頼・忠光のために妨害されたという繁盛の訴えを受けて、その妨害の中止を命じた官符である（『続左丞抄』〈『平安遺文』四五七三号〉）。その時、繁盛は

　況んや坂東大乱の時、故秀郷朝臣・貞盛朝臣と繁盛等、共に筋骨を竭《つく》して、万死に入り一□（生）に出る□天下の騒動なり。その勲功によって秀郷・貞盛各恩賞に関《あずか》り、憂職を拝分す。繁盛独《ひと》り朝恩に漏る、

と主張している。「坂東大乱」とは将門の乱のことであることは間違いない。その鎮圧の勲功によって藤原秀郷と平貞盛は「憂職」＝優職を得たが、繁盛は朝恩から漏れてしまっ

たというのであるから、繁盛もまた秀郷・貞盛らとともに将門の乱の鎮圧に参加していたことは明らかである。ということは、先述のように、維幹が父繁盛の基盤を受け継いだとするならば、水守は、将門の乱の時、すでに繁盛流の政治的拠点であったと考えられよう。したがって、筑波山西麓における貞盛流の隆盛を、敗北した「将門の遺産」を継承したからだとする評価には賛同し得ない。あえていうなら、「良兼・良持ら平氏一族の遺産」を継承した結果であると評価すべきであろう。

以上のことから、将門および平氏一族が筑波山西麓に勢力を拡大できた政治基盤は、九世紀後半以来の軍事貴族としての実力を前提に、水守・羽鳥など（後に多気）を拠点に宇都宮―常陸国府を結ぶ基幹ルートを掌握していたことに求めることができよう。この点においては、将門と良兼・貞盛らとの間に違いがあったわけではない。

このように考えられるならば、平氏一族内紛の要因は明白であろう。それは、平氏一族の権益をめぐる良兼―貞盛流と将門との対立にあったのである。

父良持の遺領＝奥羽の富

では、その対立の内容はなにか。それは父で鎮守府将軍の故良持が残した遺産であると考える。もちろんそれは「田畠」＝遺領ではなく、鎮守府将軍という職掌に基づく利権であった。

先に常陸平氏の維幹が自分の叙爵に際して、京の一族維叙に叙爵料として進上した品々が絹と馬であったことがそれを示している。また、繁盛の孫でこれまた貞盛の養子になった維良《これよし》（維茂《これもち》と同一人物であることは野口の研究がある〈野口一九七八b〉）が、鎮守府将軍重任の任符を得るため「左府」＝藤原道長に献上した貢物が「馬廿疋、（中略）胡禄《ころく》、鷲《わし》羽《はね》、砂金、絹、綿、布」などであったことも（『小右記』長和三年二月七日条）、彼らが掌握していた富の内容を如実に示している。馬・鷲羽・砂金が明瞭に示すように、これらはまさに奥羽さらにエゾ地から持ち込まれた富であった（「平泉の富の三点セット」〈斉藤二〇一四〉）。これこそ鎮守府将軍の地位がもたらした富であるということができよう。

実際、将門が東北地方に対して強く意識していたことが近年の研究で指摘されている（川尻二〇〇七）。その一つは『九条殿記《くじょうどのき》』飛駅《ひえき》事の記事である。そこには次のように記されていた。

天慶三年二月廿六日、陸奥国言上せる飛駅奏状に云はく、平将門、一万三千人の兵を率いて、陸奥・出羽両国を襲撃せんと欲すと云々、（中略）件の奏状、下官《げかん》（藤原師輔）披見《ひけん》す。即ち外記《げき》をして持たしめ、御所に参詣し、奏聞《そうもん》せしむ。

将門が陸奥・出羽両国を襲撃しようとしているという緊急の情報が陸奥国からもたらされ、それを天皇に奏聞したというのである。次に、『師守記《もろもりき》』貞和三年（一三四七）一二月一七日条裏書《うらがき》には、天慶三年（九四〇）四月一二日のこととして、「賊首《ぞくしゅ》故将門の弟将《まさ》種《たね》」が「陸奥権介伴有梁《とものありはり》の聟として」陸奥国に居住していたが、舅の「有梁と共に謀反」を起こしたという情報が常陸国から伝えられた、という記事が残されていた。

これらの内容は他の史料では確認できないが、将門とその一族が陸奥国と深い関係があったことは十分想定できるであろう。これが鎮守府将軍の父良持の遺産によるものであったかどうかは確定できないものの、将門もまた東北地方の富に対する強い関心があったことは間違いない。

また、将門の乱を平定した貞盛とその子孫が、その後代々鎮守府将軍や陸奥守を歴任していることも（高橋二〇一〇b、図15）、将門だけでなく高望王の子孫の平氏一族が東北地方における地位とそれにともなう富に大きな関心があったことを示していよう。良兼・貞盛流が目指していたのが、それらの職掌にともなって奥羽とエゾ地から得られる富にあったことは明らかである。

平貞盛——鎮守府将軍・陸奥守
子維叙——陸奥権守
維叙の子、永成——鎮守府将軍
子維敏——陸奥守
子維衡——陸奥守、出羽守
弟繁盛——陸奥守
繁盛の子——出羽守

図15　平貞盛一族の官職
（高橋2010をもとに作成）

平氏一族内紛の構図

最後に、これまでの私見と他の要因を加味して再度まとめるならば、平氏一族内紛の構図は以下のようになろう。

高望王の土着以来、関東に勢力を伸ばしてきた平氏一族は、同じ留住貴族であった源護らとの婚姻関係を通じて、水守・羽鳥・石田などを拠点に筑波山西麓に大きな基盤を作ることに成功した。そしてそれは、常陸国府—筑波郡衙（ないし水守）—真壁郡衙—新治郡衙と東山道とを結ぶ基幹官道を掌握することと一体として進められたと考えられる。

この動きに拍車をかけたのが将門の父良持の鎮守府将軍就任であった。これによって、奥羽さらにはエゾ地からの膨大な富が平氏一族に持ち込まれることになり、官道支配もより強固になったのではないだろうか。一族として関東東側の諸国（常陸・上総・下総）の国司を掌握して広域な支配権を掌握する一方で、そのうちの一人が鎮守府将軍として奥羽・エゾ地の富を一族にもたらす構造は、平氏一族の繁栄を作り上げることになったことは間違いない。

ところがその良持が死亡してしまった。当然、その後は子である将門が継承するのが第一義的であり、それを平氏一族も原則としては認めていたであろうが、しかし残念ながら、その時将門は任官に失敗し無位無官であった。したがって、それを継承する条件がなかったのである。

そこで、平氏一族としては、故良持の利権を守るために良持の兄弟の国香・良兼・良正らがなんらかの対応を取ったと考えられる。想定できるのは、国香の子ですでに左馬允《さまのじょう》に任じられていた貞盛を鎮守府将軍ないし陸奥守に就任させるというような動きである。この動きが将門の乱後実現することは先述した。

このような一族の対応に、自分がまだ無官であること、それゆえに父の遺産を継ぐことができない無念さと同世代である貞盛への羨望も含めて、反発したのが将門だったのではないだろうか。かくして将門は平氏一族を敵に回した合戦を開始することになったのである。ここにこそ、平氏一族内紛の大きな要因があると考える。

最後は推測の連続になったが、以上が鈴木・高橋に学んで「地域史的分析」に密着した結果得られた私の「平氏一族内紛の要因」である。

国府襲撃と平将門の政治的地位

「移牒」と「営所」の評価を中心に

「国府襲撃」事件の経過

「移牒」と「営所」

「将門《まさかど》の乱」の第二ステージは、いわゆる平将門による「国府襲撃」事件といわれている事態である。詳細は後述するように、将門が武蔵国府から始まって常陸国府、下野国府、上野国府を襲い、最後は上野国府で「新皇」宣言に至る過程であり、将門の乱のハイライトの一つである。

国府襲撃の要因はそれぞれ異なっているが、直接の要因となった武蔵国の武蔵武芝《たけしば》、常陸国の藤原玄明《はるあき》らの存在形態と行動から、その要因として、王朝国家の成立による国衙支配の変容にともなって生じた受領《ずりよう》と任用国司（守・介以下の国司）・郡司との矛盾・対立に求めることが多くなってきている（川尻二〇〇七など）。しかし、この説では、武蔵国司と武蔵武芝、常陸国司と藤原玄明との対立関係は説明できても、それらの対立に介入し紛争を調停しようとした将門の政治的位置については説明できないように思う。

私は、上記のような矛盾が一〇世紀前半の在地社会において存在したことを十分理解しつつも、本書では、将門の政治的位置を解明するために、国府襲撃事件の過程で、国司と将門との間でたびたびやりとりされた「移牒《いちょう》」「牒」の性格と、『将門記《しょうもんき》』で将門らの拠点として記されている「営所《えいしょ》」の性格とを検討することにしたい。

「移牒」に関しては、以前、戸田芳實や髙橋昌明らが検討しているが（戸田一九六八、髙橋一九七二）、近年は真正面から取り上げられていないし、同じく「営所」も『将門記』に三ヵ所しか出てこないこともあって、十分な検討がなされているとはいえない。

しかし、この二つは将門の在地における政治的地位を考える際不可欠の材料であると考える。戸田・髙橋以後の新しい研究についても紹介しつつ、将門の政治的位置を再検討してみたいと思う。

では、具体的に国府襲撃事件の経過を追いかけることから始めよう。

武蔵国府での事件

最初は武蔵国府の事件である。将門が武蔵国府に介入する契機となったのは、新任の権守《ごんのかみ》興世王《おきよ》・介《すけ》源経基《つねもと》と足立郡司武蔵武芝との紛争である。『将門記』は、「国司は無道を宗となし、郡司は正理を力となす」という文章に象徴されるように、良吏《りょうり》（優秀な役人）としての武芝と先例を無視した新任国司の非道という対立構造で描いている。まさに国衙支配体制の変化にともなう受領と任用国司・郡司との矛盾・対立の構図である。しかし、将門はこの対立の当事者ではなく、それに介入し調停する存在として現れてくる。『将門記』は将門が介入するに至った契機を次のように記している。

時に、将門急に此の由を聞き、従類《じゅうるい》に告げて云く、かの武芝等は、我が近親の中にあらず。又かの守・介は、我が兄弟の胤《いん》にあらず。然れども、彼此の乱を鎮めんがために、武蔵国に向ひ相《あ》はんと欲す。

このように、将門は、武芝は自分の従者でもなく興世王や経基も肉親ではないが、ただこの紛争を鎮めようと武蔵国府に向かったとあるだけで、なにか直接的な理由があったとは記されていない。調停者として介入しているにすぎないのである。

ともかく武芝とともに武蔵国府に向かったところ、興世王も経基も驚いて軍備を整えて妻子とともに狭服山《さふくやま》に籠ってしまった。しかし、機をみて興世王だけが国府に出てきたので将門と武芝とは和睦したが、経基は籠っていた「営所」を不意に武芝軍に襲われたため、慌てて京に逃げ帰り、将門と興世王が謀叛《むほん》を起こしたと朝廷に訴えた、というのが武蔵国の顛末《てんまつ》である。

この経過をみる限り、武蔵国府の場合将門が介入できた理由は不明であるが、結果的には興世王と武芝との和睦は成立したのだから、これを国府襲撃事件に入れることはできない。ただ、物語的にいうならば、次の常陸国府の襲撃ではこの興世王が一役買っているから、それに向けての導入としての位置と、経基の密告により将門が反乱するかもしれないという「予兆」を与える役割を担っていると考えることもできる。

また、『将門記』の筆者が、この間の状況を叙述するなかで、経基が戦わずに京に逃げ帰ったことを指して「介経基は未だ兵の道に練《ね》れずして」と評しているのは、この時期の源経基が武士としてはまだ未熟であったことをいい表していて興味深い。

常陸国府襲撃事件

次の事件の舞台は常陸国府である。舞台が常陸国府に移る前提として、前述の武蔵権守興世王が新任の国守百済貞連《くだらのさだつら》と不和になり、下総国の将門のところに「寄宿」するという事態が生じていたことを記しておこう。

さて、常陸国府襲撃事件は反乱に至るターニングポイントとなるので、少々詳しくみていくことにしたい。

この事件の主役は藤原玄明である。『将門記』の該当箇所の最初が「常陸国に居住する藤原玄明等は、素《もと》より国の乱人たり、民の毒害たるなり」と始まっていることが象徴するように、玄明は、武蔵国郡司の武蔵武芝とはまったく正反対の、「猛悪」人として描かれる（玄明の評価が『将門記』の本文と将門が主人と仰ぐ藤原忠平へ送った将門の書状とで大きく異なっていることはすでに先学が指摘するところである）。

　官物を対捍《たいかん》する玄明を、国守（実際は介）藤原維幾《これちか》が追捕《ついぶ》しようとしたところ、玄明は行方《なめかた》郡・河内郡の不動倉《ふどうそう》（非常用の穀物を備蓄するために各国に置かれた倉）の「穀《こく》と糒《ほしいい》」などを盗み取ったうえ、将門の本拠のある下総国豊田郡へ逃げ込んでしまったのである。

図16　常陸国印

　このような玄明に対して、「将門は素《もと》より、侘人《わびにん》を済《すく》ひて気を述べ、便なき者を顧みて力を託せり」と、『将門記』は弱者を庇護する将門の立場を記したうえで、介藤原維幾が将門の調停を拒否したうえに、玄明のいう維幾の悪行振りに同調した将門が「合力」し「合戦の方を構へ」たと記す。このように、玄明の性格はさておいて、ここでも、武蔵国と同じように国司と在地土豪との矛盾・対立に将門が介入するという構図になっている。この後、国府軍と将門軍との間で激しい合戦が行われたが、無事勝利した将門らは常陸国の「印鎰《いんやく》」を奪い、維幾や詔使《しようし》（天皇の詔によって任命・派遣された使者）を引き連れて豊田郡の鎌輪宿《かまわのしゆく》に戻った。これが常陸国府襲撃事件の概要である。

　ここで問題になるのは、将門が常陸国の「印鎰」を奪ったことである。「印鎰」とは国司が発給する文書に捺す国の印と国衙の財源を納めた国倉《こくそう》の鎰《かぎ》（鍵）のことで（図16）、両者とも国司の国内支配権を象徴するものであった。したがって、これらを奪ったということは国司の国内支配権を否定し、それを将門が奪取したことを意味するのであるから、これは明らかに反乱である。また、「詔使」を連れ去った＝監禁したことも反乱ととらえられる要因になったと思われる。

この時、タイミングよく現れるのが将門の本拠である鎌輪宿に寄宿していた興世王である。興世王は将門に次のように進言する。

案内を検せしむるに、一国を討つと雖も公《おおやけ》の責め軽からじ。同じく坂東を虜掠《りょりょう》して、暫《しばら》く気色を聞かん。

（現代語訳：いろいろ考えますと、一国＝常陸国を討ったとしても朝廷の咎《とが》めは軽くないでしょうから、この際、坂東全体を掠《かす》め取って、朝廷の出方をうかがってはいかがですか。）

進言というより扇動というべきかもしれないが、それに対して将門も「将門が念《おも》ふ所ただこれのみ」と応えて、その根拠を述べた後、次のように自己主張する。

苟《いやしく》も将門は刹帝《せってい》（国王＝桓武天皇のこと）の苗裔《びょうしょう》、三世の末葉なり。同じくは八国より始めて、兼ねて王城を虜領《りょりょう》せんと欲す。

（現代語訳：私も桓武天皇の三代〈実際は五代〉の末裔《まつえい》なので、坂東八ヵ国を支配したう

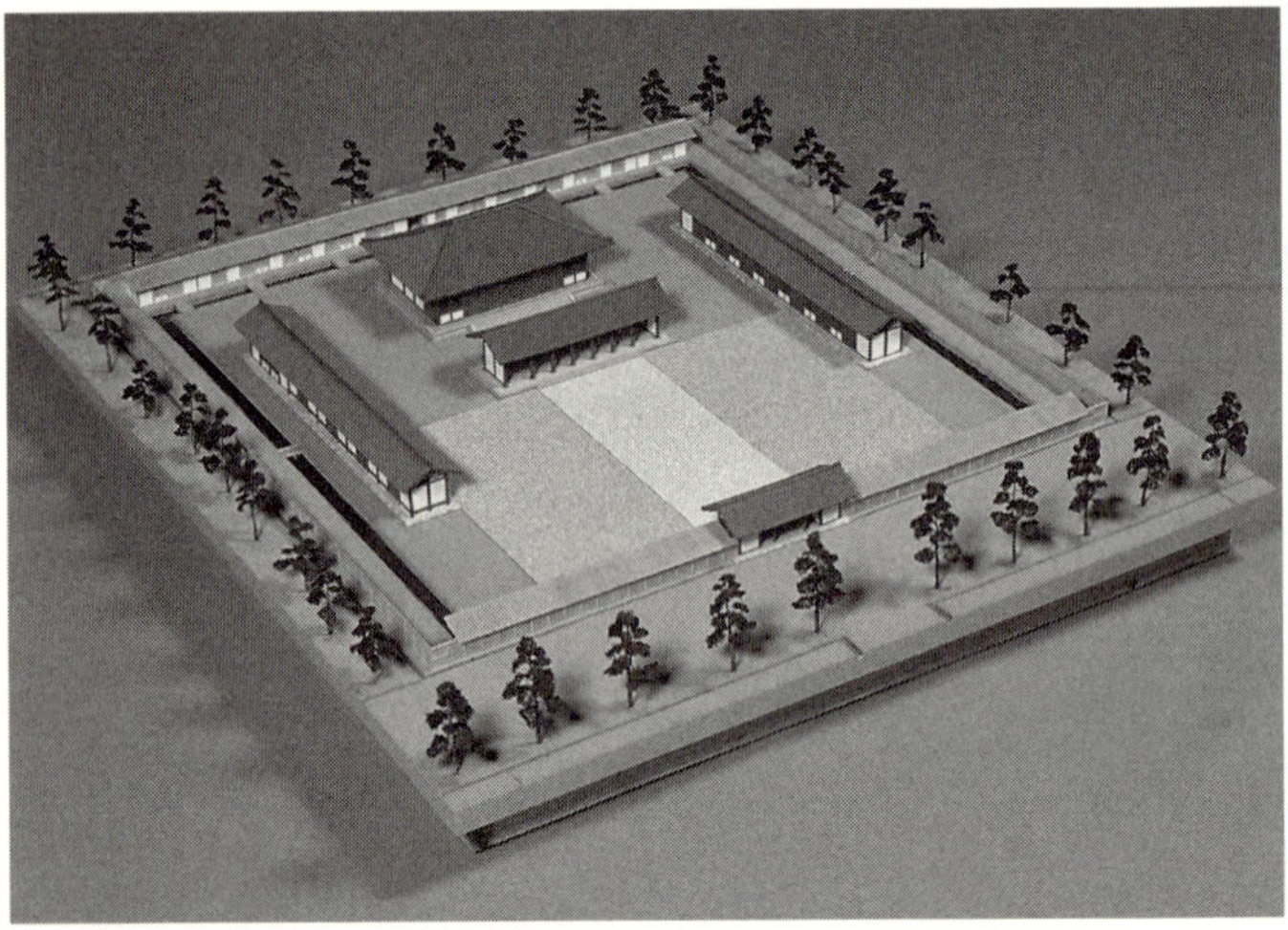

図17　下野国庁復元模型（栃木県立しもつけ風土記の丘資料館所蔵）

えで、京都の朝廷も掠め取ろうと思う。）

いよいよ本格的な反乱の始まりである。その狂言回しとして興世王が登場してくるのは興味深い。武蔵国の事件との連続性をもたせる意味が込められていることは前述したが、興世王はこの後も事態の転換の場面にたびたび現れる。

下野・上野国府襲撃事件

後は一気呵成の進軍である。大軍を率いて下野国府に向かった将門に対して、新司藤原公雅《きみまさ》（弘雅《ひろまさ》の誤り）と前司大中臣全行らは将門らの威勢に押されてたちまち「印鎰」を差し出し、国府も支配されてしまい、さらには東山道から京都へ追いやられてしまった（図17）。続いて将門らは上野国府に向かう。ここでも下野国府と同じように「印鎰」を奪われ、介らは京都に追い返されてしまった。

したがって、両国の場合国府襲撃はあったが、武蔵国・常陸国のように襲撃に至る直接的な要因があったわけではなく、常陸国府襲撃の結果、将門の坂東を支配するという反乱を実現する一環として襲撃されたのであるから、武蔵・常陸両国とは性格が異なるといえよう。そしてこの後、上野国府で将門が「新皇」を宣言するという大事件が起きるが、それは次の「「新皇」即位と八幡神・道真の霊」の章で考える。

国府襲撃事件の性格

このように、いわゆる将門の国府襲撃事件は三段階を取って展開するが、それぞれの性格は異なっていた。武蔵国の場合は、権介興世王と足立郡司武蔵武芝らとの対立が原因で、将門はその調停に乗り出し成功するが、源経基の猜疑心《さいぎしん》により反乱者というレッテルを貼られてしまった。しかし、ここでは実際に襲撃は行われていないし、したがって将門に反乱の意図はなかったと考えるべきであろう。

常陸国の場合は、国司藤原維幾と藤原玄明との紛争が原因で調停に乗り出すが、介維幾がそれを拒否する一方で将門が玄明に同調したため調停は失敗に終わり、国府軍との合戦になってしまった。すなわち、国府襲撃が行われ、これを契機に、興世王の扇動と将門の意志により反乱の第一歩が踏み出されたのである。

一方、下野・上野両国の場合は上記二国のように将門が介入する契機となる紛争もなく、まさに常陸国府襲撃を契機とする反乱の延長として国府襲撃が行われたのであって、上記二国とは状況が明らかに違う。

このように整理してみると、武蔵国府と常陸国府の紛争へ介入できる将門の政治的地位がなによりも問題となる。とくに、常陸国府の場合は介入だけでなく襲撃にまで発展しており、かつ常陸国の介藤原維幾とのやりとりが具体的に記されているので、将門の政治的地位を理解するうえで格好の材料である。次節ではもう少し詳しく検討することにしたい。

将門の政治的地位（一）――「移牒」の性格を中心に

常陸国府襲撃事件で、将門の政治的地位を示していると考えられるのが、藤原玄明の処遇をめぐって常陸介藤原維幾との間で授受された移牒《いちょう》の性格である。この移牒は簡単には「互通《ごつう》の公文書で自己の所管外または同等の公的機関に送る公文書」と説明される。

『将門記』のなかの「移牒」

しかし、古文書学的には「移牒」という文書様式はなく、該当するのは「移」ないし「牒」である。「移」も「牒」も上下関係のない機関や個人などの間で通用する文書なので、この二つを合わせて先のように説明されることが多いが、「移牒」という文書様式はないため、当然、異論も出されている。

この意見の相違については後述するとして、まず、『将門記』のなかで移牒がどのように使用されているかを確認しておこう。移牒ないし牒の記載は以下の四ヵ所である。

A　時に、長官藤原維幾朝臣、官物を弁済せしめんがために、度々の移牒を送ると雖も、対捍《たいかん》を宗となし、敢《あ》へて府に向はず。

B　仍て捕へ送るべきの由の移牒を、下総国并びに将門に送る。而るに常に逃亡の由を称して、曾《かつ》て捕へ渡すの心なし。

C　天慶二年十一月廿一日を以て、常陸国に渉《わた》る。国は兼ねて警固を備へて、将門を相待つ。将門陳べて云く。件の玄明等を、国土に住せしめて、追捕すべからざるの牒を国に奉ず、と。

D　今年の夏、同じく平貞盛、将門を召すの官符を拳《にぎ》りて、常陸国に到れり。仍て国司頻《しき》りに牒を将門に送る。件の貞盛は追捕を脱し、蹜《ぬきあし》に上道せる者なり。

簡潔にまとめると次のようになろう。

Aは、介維幾が官物を弁済するように玄明に送った移牒。
Bは、介維幾が玄明を逮捕し常陸国に送り返すよう下総国と将門に送った移牒。
Cは、将門が玄明の追捕を止めて常陸国に住まわせるよう介維幾に送った牒。
Dは、介維幾が将門を召喚する官符が届いていることを将門に伝えた牒。
さらに、これらを移牒の発給者と受給者とその目的とに整理すると表1のようになる。

常陸介藤原維幾が発給している例が多いが、将門も常陸国司宛てに発していること（C）と、Bのように、下総国と将門とが移牒の受給者として併記されていることが注目される。これらから、移牒の授受をめぐる限り常陸国司と下総国（司）と平将門は同等の地位にあったことがわかる。

また、Dでは、国司維幾が将門召進の官符を受けとりながら、それをそのまま国司の命令を伝える「国符《こくふ》」などを用いて将門に命じるのではなく、わざわざ互通文書である牒を発していることも、常陸国司と将門の対等の関係を示している。

このように考えることができるならば、Aで常陸国司から移牒を発せられている藤原玄

表1　「移牒」使用例一覧

	発給者	受給者	目　　的
A	常陸国司　↓	藤原玄明	官物の弁済を要求
B	常陸国司　↓	下総国／平将門	玄明の逮捕を要求
C	平将門　↓	常陸国司	玄明の逮捕を止めて常陸国に住まわせることを要求
D	常陸国司　↓	平将門	貞盛が持ってきた将門召進の官符に基づいてその旨を伝達する

明も国司との関係では将門の同様の地位にあったことになるが、これはやや複雑なので後述することにしたい。

さて、なにの説明もなしに移牒の授受に関する史料の紹介をしたが、上記の移牒の授受をめぐる政治的地位の関係を考えるためには、移牒とはなにか、について説明する必要がある。改めて移牒をめぐる研究史を簡単に整理しておこう。

「移牒」の評価をめぐって

この移牒に着目して、最初に将門の政治的位置を議論したのは戸田芳實であろう（戸田一九六八）。戸田は、先のA・Bの内容に着目して次のように評価している。

反乱以前の玄明や将門が、官物弁済や反逆者追捕を国衙の移牒によって要請される地位にあったということである。移牒はいわゆる互通の公文書で、自己の所管外または同等の公的機関に送る公文書であるが、直接国家の官職を帯びない将門や玄明が、国衙と同等な一種の公的機関の地位を与えられているように思われる。

そしてそのうえで、次のように結論している。

結論的にいえば、それは彼らの家（そして党）が、東国において、貴族的家政機関をもつ一個の自立的な権力として存在していたことを示すといえる。将門の場合は、前将軍の家系をもつ一種の辺境軍事貴族とみてよいと思う。

移牒の互通文書としての性格に着目して、将門の政治的地位を「国衙と同等な一種の公的機関」と評価し、その存在を「辺境軍事貴族」と規定したのである。この評価がその後の武士研究に大きな影響を与えたことは改めていうまでもないし、将門の乱研究を一新したことも明らかである。

実際、石井進は「中世成立期の軍制」の注で戸田の研究を紹介したうえで、本論は「戸田氏の以上の指摘を前提に書かれたものである」と記している（石井一九八七）。また、次に紹介する髙橋昌明も、移牒の理解は異なるものの、将門らの政治的位置については戸田の評価を前提にしている（髙橋一九七一）。戸田の仕事の影響の大きさがみて取れよう。

では、次に髙橋の移牒の理解についてみてみよう。将門や玄明が常陸国司から直接移牒を受けとる立場にあったとする戸田の理解に対して、髙橋は移牒を「移文《いぶみ》もしくは移書《いしょ》と呼ばれた牒の写しを記した文書」と理解し、「国衙宛に牒が発せられ、この牒状の写しが更に玄明に移送されたと見るべきである」と評価する。そして、この牒状の内容は官物弁済に関連したものであり、王臣家《おうしんけ》の私物（負物《ふもつ》・出挙物《すいこ》）の徴収にあたって、王臣家から家牒《けちょう》（その家政機関が発した牒）を国衙宛に発して、国司に徴収させるという方式に則ったものである。したがって、常陸国衙宛に家牒を発給したのは王臣家であり、常陸国司はその牒の写しを玄明に送ったのであるから、玄明は「いずれかの王臣家の僕従であ」ったと評価する。

高橋の理解は、「将門や玄明は、国衙と同等な一種の公的機関の地位を与えられている」存在だとする戸田の評価とはそうとう隔たっているといえよう。両者の理解が相違する要因は、高橋が玄明の政治的地位だけを問題にし、移牒を受けたり発している将門の地位を問題にしていない点にあるように思う。

その後、移牒の意味を検討する研究は現れなかったが、近年、川尻が取り上げているので紹介しよう（川尻二〇〇七）。川尻は高橋の説を受けて、「常陸介が無位無官と推定される玄明や将門に対して、移牒で連絡しなければならなかった」のはなぜかと疑問を立て、「それは、彼らが都のしかるべき貴族と主従関係にあったため、その権威を恐れたためであろう」と評価している。高橋説を踏襲していることは明らかである。

文書様式からみた「牒」の特徴

しかし、川尻の評価は、高橋論文以後に発表された移牒に関する重要な研究を見落としており、再検討が必要である。それは川端新の「荘園制的文書体系の成立まで―牒・告書・下文―」である（川端一九九八）。

この論文は「古代から中世への文書体系の変質の一端を探ることを目的と」し、「一二世紀に確立する荘園制のもとでの文書体系の成立を見通すことであり、さらにいえば、中

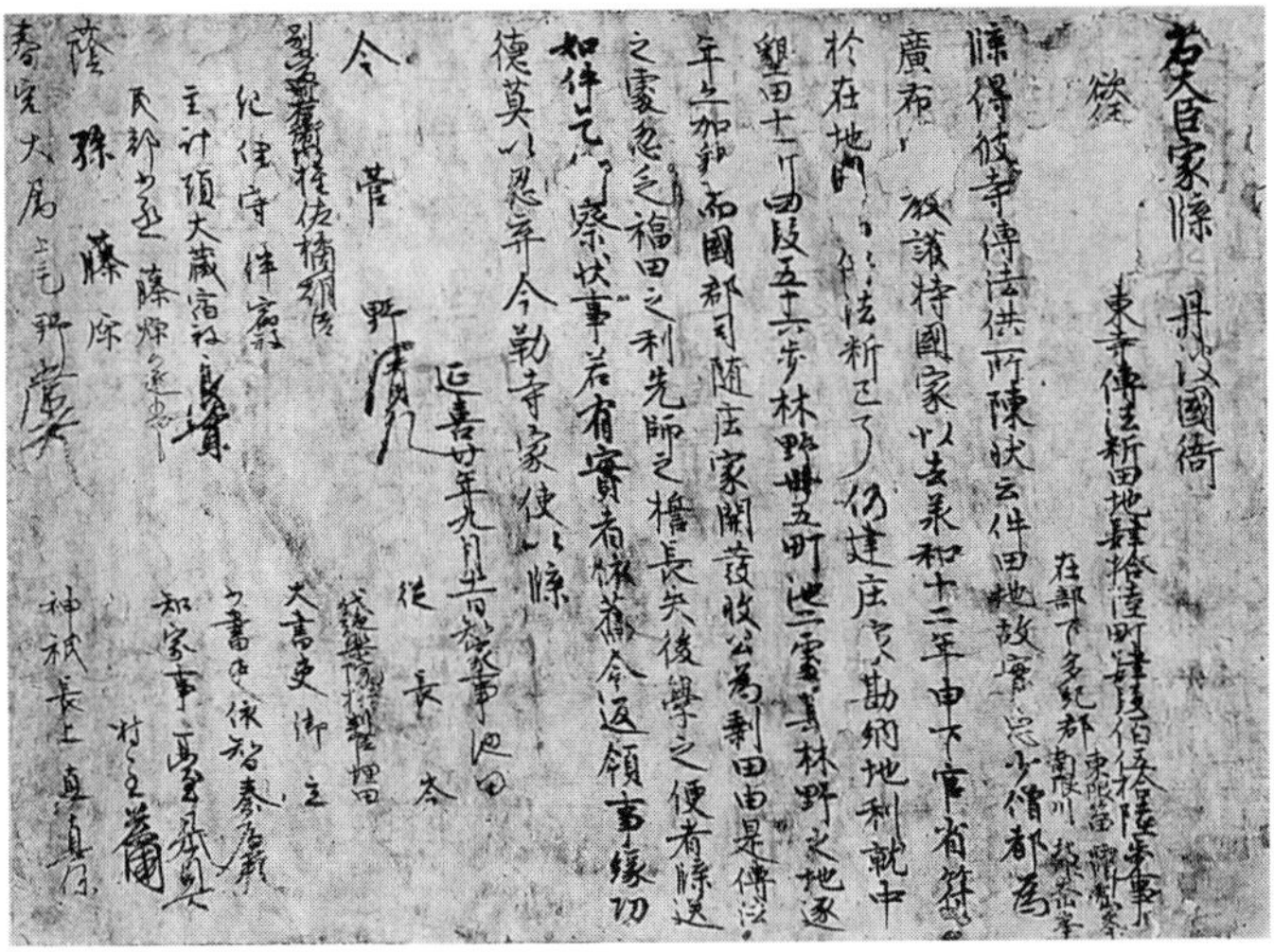

図18　右大臣藤原忠平家牒（『東寺文書』，京都市南区・東寺所蔵）

世荘園制社会成立史を再検討する」ことを目指した論文である。川端はこの目的を解明するため多岐にわたる論点を提示しているが、ここでは、本章と直接関係する「第二節　平安時代の牒」に注目したい。この節では『将門記』の移牒についても言及しており、非常に参考になる。

川端は九・一〇世紀の牒の一覧を作成し、まず牒の宛所《あてどころ》の下に「衙《が》」という文字が添えられていることに着目する。そして、この様式の牒を「衙式牒《がしきちょう》」と規定し、一〇世紀には定着していたことを確認する（図18）。

川端によれば「衙式牒」の特徴は以下のようである。

①　国↔家、国↔寺、家↔寺、

寺←→寺などのように互通文書として使用される。

② 「衙」字の付加は、相手への一種の敬意を含んだ互通関係の表現といえるのではないか。

③ 本来役所を意味する「衙」は、官司ではない宛所をも疑似官司化《ぎじかんし》するという働きをもつ。

④ 奈良時代以来多様な機能を果たしていた牒が、九世紀から一〇世紀にかけてその様式を官司間文書体系内の互通文書として整えたものと考えることができる。

このように「衙式牒」の一般的な特徴を確認したうえで、川端は『将門記』に出てくる移牒について言及し、次のように評価している。

戸田芳実氏は、将門や玄明に「移牒」が出されていることから、国家の官職をもたない彼らが「国衙と同等な一種の公的機関の地位を与えられているように思われる」ことを指摘している。「国衙と同等」か、「公的機関」といえるかどうかは別にしても、この「移牒」の語も玄明や将門の自立的な立場を物語るものということができる。また、注のなかではあるが、上記の高橋の説――「移牒」は「牒」の写しが「移」送されたもの、玄明はいずれかの王臣家の僕従である――には「従い難い」と退けている。

私は、川端が、これまでのように『将門記』に基づいた「移牒」をめぐる政治的状況からではなく、文書様式論に基づく検討から導いた上記の結論を重視したい。とくに②と③は将門と玄明の政治的地位を考えるうえで重要である。戸田と川端の理解を合わせるならば、将門と玄明は「官司」ではないが「疑似官司化」され、国衙から自立した存在であったということができよう。

将門のこのような性格は、『将門記』の次の記事からも確認できる。それは、武蔵国府の事件で狭服山の営所を襲われて京に戻った源経基が興世王と将門の謀叛を奏上した後の記事である。奏上を受けて、将門の私君の太政大臣家（藤原忠平）は実否を尋ねるための御教書《みぎょうしょ》を将門のもとへ下すが、将門は次のような対応をしている。

仍て将門、常陸・下総・下毛野《しもつけぬ》・武蔵・上毛野《かみつけぬ》五ケ国の解文《げぶみ》を取りて、謀叛無実の由、同年五月二日を以て言上す。

とあるように、将門は自分の無実を示すために常陸国ら五ヵ国から「解文」（上申文書）を取って私君忠平に言上したというのである。これは、将門が自分の身の潔白を証明するために、常陸国など五ヵ国の国司に解状の提出を求めることができる立場にあったことを示している。実際、『将門記』によれば、これらの解状は朝廷において「諸国の善状《ぜんじょう》」（将門が悪政をしておらず「功課」〈「考課」に同じ。勤務評定によって褒賞や叙位を得ること〉に値する善政をしていることを示す文書）として扱われており、その善状によって将門に功課を与えるべきであると宮中で議せられている。このことも、将門が坂東諸国の国司と並び立つ「自立」した存在であったことを示していよう。

このように、川端の牒に関する研究に依拠するならば、『将門記』における移牒の授受をめぐる関係から、将門は「官司」ではないが「疑似官司化」され、国衙から自立した存在であったことが明らかになる。

将門・玄明の政治的地位

では、彼らの自立した立場はなにに由来するのであろうか。それはすでに戸田を含めこれまでの研究が指摘しているように、「群盗国に満つ」と表された九世紀後半から一〇世紀初頭における東国の治安の悪化とその鎮圧の体制に基づくものであろう。将門一族の場合、祖父高望王が平姓を賜って関東に下向し、その子弟が関東諸国の国司として蟠踞《ばんきょ》していたことはすでに指摘した。戸田が彼らをもって「辺境軍事貴族」と称したことは前述した（近年は将門一族のような存在が東国・東北地方に広く確認できることから、一般化して「軍事貴族」と呼ぶことが多いので、以下「軍事貴族」と表記する）。彼らは諸国の国司であると同時に治安担当の軍事貴族としての地位も獲得していたに違いない。とくに将門は官職・官位をもっていなかったこともあって、鎮守府将軍の父良持をはじめとする一族の軍事貴族としての地位を前提に、自らを「疑似官司化」した存在であったと考えられよう。

高橋は、玄明を「いずれかの王臣家の僕従であ」ったと評価するのと同様に、将門が私君藤原忠平と私的な主従関係を結んでいたことを重視するが、将門の広域的な政治的な地位は、やはり「軍事貴族」としての地位を基盤にするものであったと考えたい。

藤原玄明の出自は不明だが、将門と同じような立場だったと思われる。国府襲撃事件の主人公の一人の武蔵武芝が足立郡司と明記されていたのに対して、玄明は「（常陸）国の乱人」と表現されており、武芝のように武蔵国造の由緒にともなうような在地性は読み取れない。玄明は、将門の「新皇」即位の場面に登場する「常陸大掾藤原玄茂《はるもち》」との血縁関係も推定されており、かつ将門が「新皇」即位後「遺《のこ》りの敵等を討たんがために、五千の兵を帯して、常陸国に発向」した時、下総と常陸の国境で将門を迎えた「奈何《（那珂）》・久慈両郡の藤氏《（藤原）》等」との因縁も想定されているように、関東に留住した貴族の一員ではなかったであろうか。だからこそ、常陸国司に圧迫されると、たやすく将門のもとへ逃げ込むという広域的な行動が取れたのであろう。

高橋はこれらを踏まえて、将門と玄明の政治的な性格として「デスペレートなアウトローを想定するのではなく、彼らの行動を支える王臣家僕従としての歴史的規定性と、土着受領の同族結合を見い出さねばならない」と評価しているが、先にも述べたように、将門の広域的な政治的に自立した地位は、平氏一族の「軍事貴族」としての地位に基づいて

「疑似官司化」したものであったのであり、藤原玄明も、将門のように確定はできないものの、将門と同様な地位にあったと評価したい。

将門の政治的地位（二）――「営所」の性格を中心に

「営所」をめぐる諸説

「移牒」とならんで、将門の在地社会における政治的地位を示すと考えられるのが「営所《えいしょ》」である。将門の本拠地の石井《いわい》が「営所」と呼ばれているのがそれである。

この「営所」の性格についても、将門の存在形態や性格を知るうえでのキーワードだけに、これまでいくつもの解釈がなされてきた。いくつか代表的な解釈を紹介しよう。

例えば、『新撰日本古典文庫　将門記』で、校注者の林陸朗は、

豪族の住居であると共に堀や土塁をめぐらした軍事上の拠点であり、またさらには農業経営や交易の事務所をも兼ねる性格の場合が多かったようである。

と評価しているが（「補注二四」）、北山茂夫は、古代における「営」が軍営とか砦を意味

していることなどを根拠に、営所の第一義的な意味は「軍事的な拠点」であるとし、

　農業経営はあくまでも副次的で、そこに力点をおくのは、まったくの誤解である。

と否定している（北山一九七〇）。なお、『古代政治社会思想』所収の「将門記」でも校注者の竹内理三は北山説を妥当としている（竹内一九七九）。

　一方、川尻は「営所は数郡にわたって複数存在し、領主の軍事的拠点となっている」と評価しながらも、『宇津保《うつほ》物語』に描かれた紀伊国牟婁《むろ》郡の長者神南備種松《かんなびたねまつ》の屋敷を参考にしつつ、将門の駆使《くし》丈部《はせつかべの》子春丸《こはるまる》が通っていた石田荘や将門の拠点である鎌輪宿も営所ととらえ、次のように評価している（川尻二〇〇七）。

　営所は一つに限らず、数郡にまたがって複数あるのが普通で、まわりに田地が広がっていた。（中略）営所が農業経営の拠点としての機能をもっていたことをよく表している。営所は単なる軍事的拠点ではなかった。

また、『真福寺本・楊守敬本　将門記新解』のなかで、著者の村上春樹は「諸説ある」とことわりながらも、「軍事的な拠点で、舎宅的な部分があり、田畠が付属していたという北山茂夫説に従う」と自説を述べている（村上二〇〇四）。

　以上のように、営所をめぐっては「軍事的拠点」としての理解が多いようであるが、川尻のように「営所」は郡をまたいで「複数」存在し、「単なる軍事的拠点ではなかった」

という理解も根強く存在している。

水守営所と石井営所

そこで、改めて『将門記』の記述に戻って「営所」の性格を確定しておこう。その時、まず検討しなければならないのは、川尻がいうように、「営所」が郡をまたいで「複数」存在したのか、という点である。この点から始めよう。

『将門記』に「営所」は三ヵ所しか出てこない。一つは良兼が拠点とした「水守《みもり》営所」であり、二つ目は将門の拠点である「石井営所」、三つ目は、将門が調停のため武蔵国府に赴いた時、源経基らが籠った比企郡狭服山の「営所」である。川尻は将門の駆使丈部子春丸が通っていた石田荘や鎌輪宿も「営所」だとするが、少なくとも『将門記』の本文にそのような記載は確認できない。

そこで、『将門記』の地名に関する表記を調べてみると、その地の性格や機能を示す用語、例えば宿・津・江・渡《わたし》・御廐《みまや》などを混同して表記していることは一つを除いてないことがわかった（木村二〇〇〇）。その一つとは「石井」で、石井の場合「営所」と「宿」として表記されている。これについては後述するが、『将門記』の地名等の表記は意外に厳密に用いられていると考えた方がよい（表2）。その意味で、川尻の「営所は複数存在する」という評価は受け入れることができない。

表2　『将門記』所載地名一覧

常陸国
かの国（常陸）新治郡川曲村
常陸国信太郡の蕎前の津
同国（常陸）水守の営所
（常陸国真壁郡）服織の宿
常陸国の石田の庄
相馬郡大井の津
吉田郡蒜間の江
下総国
下総国香取郡の神前
下総国豊田郡栗栖院常羽の御厩
同郡（豊田）の下大方郷堀越の渡
豊田郡岡崎村
豊田郡鎌輪の宿
幸嶋郡葦津の江・広河の江
幸嶋の広江
幸嶋郡の北山
結城郡法城寺・鵝鴨の橋
下総国の亭南・檥橋
常陸・下総両国の堺，子飼の渡
常陸・下総国以外
信濃小県郡の国分寺・千阿川
（武蔵国）比企郡狭服山・経基が営所
国・郡名記載なし
野本・石田・大串・取木等
筑波山
弓袋の山の南の谿
石井の営所（二カ所）
石井の宿
川口村
その他
足柄・碓氷二関
京の山埼
京の大津

注　木村2000をもとに作成.

では、三ヵ所の営所はどのように表記されているのであろうか。一番わかりやすく有名なのが石井営所である。将門の駆使子春丸が、「上手くいけば乗馬の郎等＝従者にしてやろう」という良兼の甘言に乗って、良兼の従者を引き連れて石井営所を案内したところの記述である。

其の明日の早朝を以て、子春丸と彼の使者は、各々炭を荷ひて将門の石井の営所に到る。一両日宿衛の間に、使者を麾《まね》き率ゐて、其の兵具の置所、将門が夜の遁所、及び東西の馬打、南北の出入、悉《ことごと》く見知らしむ。

営所が子春丸らが「宿衛」できる場所であったこと、そこには武器庫や将門の隠れ場所、馬の出入り口および人々の出入り口などが備わっていたことが記されている。この記事が営所＝軍事的拠点説の根拠になっていることはいうまでもないであろう。

では、他の二ヵ所はどうか。水守営所は平良正の要請に応じた良兼が上総国から出陣してきた時の、「其の明日の早朝を以て、同国水守営所に着けり」という記事しかないので、詳細は不明としかいいようがないが、「平氏一族内紛の要因」の節で述べた水守の政治的位置に関する評価が参考になる（図19）。

図19　水守営所跡（茨城県つくば市）

そこでは、水守が筑波郡衙のすぐ西側に位置し、かつ常陸国府から筑波郡衙・真壁郡衙・新治郡衙を経由して東山道に繋がる主要幹線の要衝にあったこと、さらに、この地は後、東に隣接する多気《たけ》が常陸平氏隆盛の拠点になったことから判断して、常陸西部において政治的に主要な地域であったと評価した。

この評価が正しいとするならば、水守営所も単に良正ないし良兼の私的な軍事的拠点というだけでなく、筑波山西麓における政治的な拠点でもあったと評価することができるのではないだろうか。

武蔵国狭服山の営所

それを推測させるのが武蔵国の狭服山の営所である。この営所の所在地については諸説あって確定をみていないが（図20参照）、それについては最後に言及することにして、まずその性格について考えてみよう。狭服山の営所に関する記述は以下のとおりである。

武芝申して云く、件の権守ならびに介等、一向に兵革を整へて、皆妻子を率ゐ、比企郡狭服山に登る、てへり。将門・武芝相共に府を指して発向す。時に、権守興世王、先づ立ちて府衙に出づ。介経基は未だ山の陰を離れず。将門且《また》興世王と武芝と、此の事を和せしむるの間に、各々数坏を傾け、迭《たがい》に栄花を披《ひら》く。而《しか》る間に、武芝の後陣等、故なくしてかの経基の営所を圍《かこ》む。

この記述に基づく限り、狭服山と営所は微妙に書き分けられている。まず、将門と武芝が武蔵国府に向かおうとした時、権守興世王と介源経基が軍備を整えて「比企郡狭服山」に妻子を連れて登った、と記されている。続いて、将門らが近づいた時、興世王だけが国

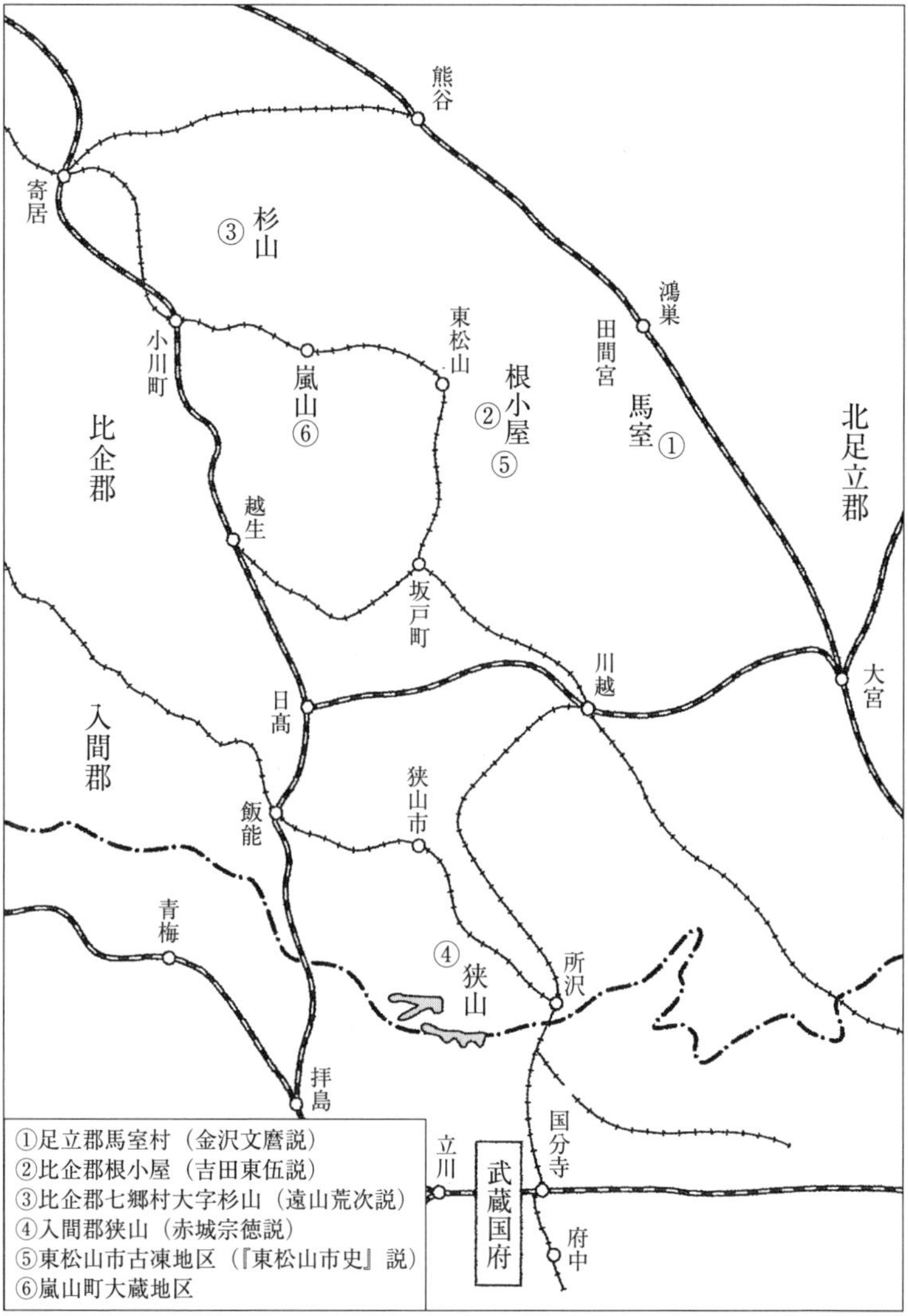

図20　狭服山営所推定地（『将門記』―〈『東洋文庫』〉をもとに作成）

府に出てきて将門らと和睦し盃を傾けた。ところが武芝の後陣が不意に「経基の営所」を囲んでしまった、というのである。

すなわち、興世王と経基が避難した狭服山は「営所」と記されておらず、興世王が出府してきたにもかかわらず「山の陰」を離れなかった経基の拠点が「営所」と記されているのである。両者の関係をどのように解釈したらよいであろうか。

先述の『将門記』の地名等の表記はそうとう厳密である、という指摘とは反するが、狭服山には興世王と経基が避難し防禦に備えられるような複合的な施設があり、そのうちそこに残り避難していた経基の居住空間を「経基が営所」と表現したと考えることはできないだろうか。すなわち、狭服山には興世王の営所もあったが、興世王は国府に出てきて武芝軍に囲まれなかったので「興世王が営所」という表記が取られなかったと。

やや難しい解釈であるが、狭服山には権守興世王と介経基が軍備を整え、かつ妻子を連れて避難できるような複合的な政治的施設があり、それぞれの施設は個人の名を冠して「営所」と呼ばれていたと考えられる。これが認められるならば、狭服山は広義の「営所」であったと評価することができよう。なかでも、権守と介という武蔵国府の政治的責任者がともに遁れ籠る場所であったことは注目したい。

狭服山のこのような性格を踏まえたうえで、前稿では以下のように評価した（木村二〇

図21　大蔵館跡（埼玉県嵐山町）

○○）。まず、狭服山は国衙機構に関連した公的な性格をもつ施設であった可能性が高く、とくに軍事的な性格をもった施設であったと考えられる。しかし、あくまでも避難できるような用途をもった施設であり、将門らもそこには向かわなかったことから、国衙機構のなかでは二次的、副次的な位置の施設であった。

　このような政治的な性格をもった狭服山の場所として注目したのが、比企郡の大蔵である（図20・21）。周知のように大蔵は平安時代末期、武蔵国留守所《るすどころ》総検校職《そうけんぎょうしき》（国守に代わって在庁官人ら国府の役人を統括する職務）に就いていた秩父平氏の秩父重隆《しげたか》が居館を構えたところで、かつ鎌倉街道が武蔵国府・久米川を通過し、比企丘陵の笛吹峠《ふえふき》を越えて嵐山の盆地に入り込む入り口に位置しており、そのうえ都幾川《ときがわ》を挟んだ対岸には後に畠山氏が築いたという菅谷《すがや》館《やかた》が存在していた。これらから明らかなように、大蔵は武蔵国中北部の軍事的・交通的な要衝であった（木村二〇一三）。

これらの特徴からさらに突っ込んで、大蔵の地は「武蔵国府（現府中市）」が武蔵国全体を支配する上ではあまりにも南に偏していることなどから考えて、武蔵国支配を補完し北武蔵を支配する任務を負わされていた可能性がある」と評価した。このような政治的役割をもつ大蔵の前身として、武蔵国司（権守・介）が避難することができた狭服山の営所をあてることは十分可能ではないだろうか。

「営所」の準公的な性格

狭服山の所在地の議論まで入ってしまったが、それをどこに比定しようとも、狭服山の営所が武蔵国府の国内支配に関連した公的な、ないし準公的な性格をもった施設であったということができよう。前述のように、水守営所も根拠は不十分だが、筑波郡衙との関係を考えれば狭服山と同じように準公的な性格を有していたと考えられる。

残るは将門の石井営所であるが、これは先に引用したように、営所に関係する記事からはその構造しかわからず、その性格は明らかにできない。将門が石井の営所の南に所在した長洲《ながす》牧ないし大結《おおゆい》牧の牧司であったという見解もあるが（福田一九八一）、根拠はない。

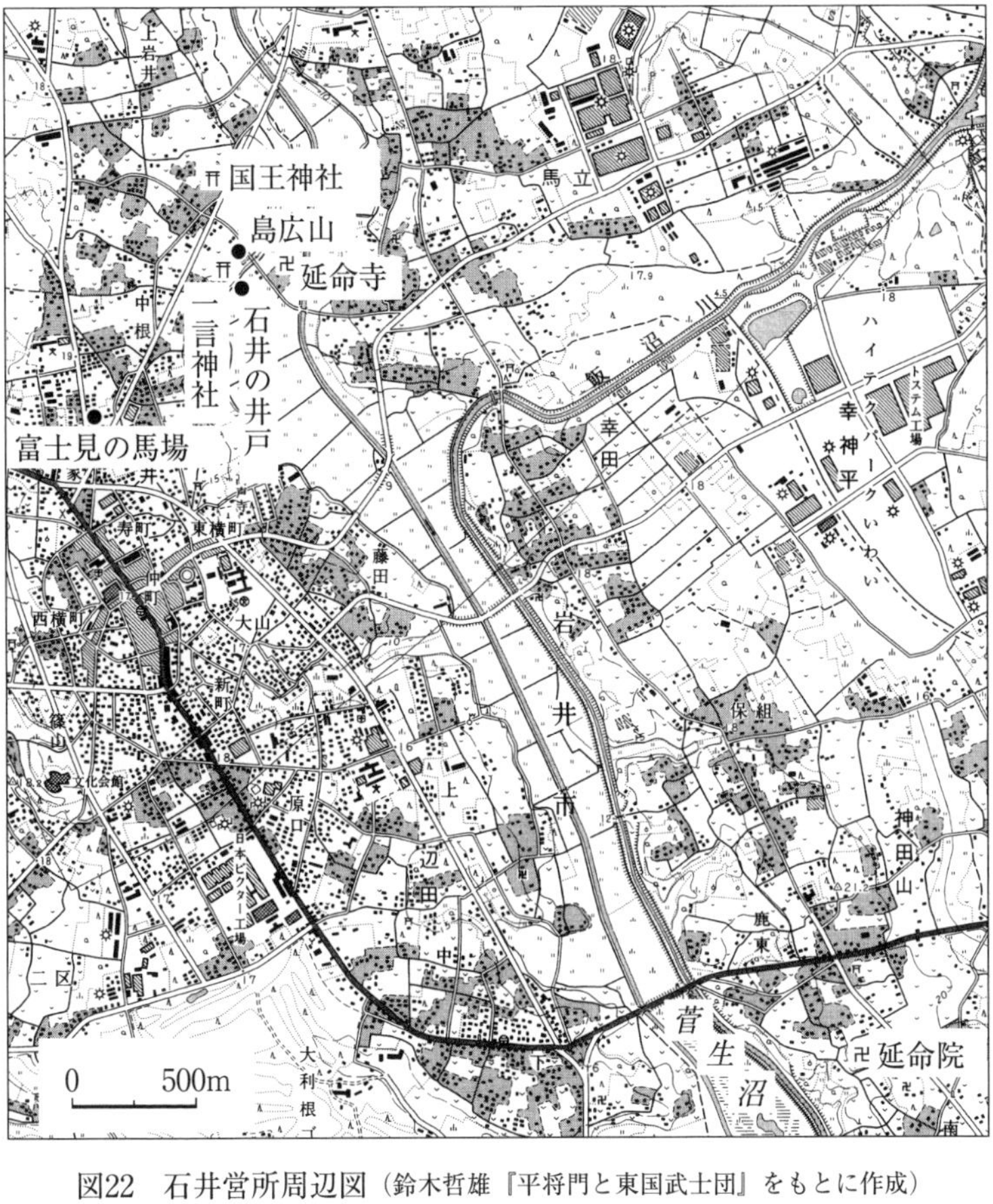

図22　石井営所周辺図（鈴木哲雄『平将門と東国武士団』をもとに作成）

図23　石井営所跡（茨城県坂東市）

しかし、前節で「移牒」の授受から検討したように、将門は広域的な政治的に自立した地位をもった存在であった。そして、川端の「移牒」についての評価に基づくならば、「衙式牒」の宛所の下に「衙」という文字が添えられており、本来役所を意味する「衙」は、官司ではない宛所を疑似官司化するという働きをもつという。この評価を援用するならば、移牒を授受することができた将門の石井営所も疑似官司化した存在であったということができるのではないだろうか。石井営所もまた準公的な性格をもっていたと考えたい（図23）。

最後に、石井が営所とも呼ばれ「宿」とも表記されたことについて説明しておこう。将門の本拠であった石井は現在千葉県坂東《ばんどう》市岩井に比定されているが、この地域には将門関連の地名や遺跡が広範囲に残されており、かつこの地域を南北に貫く街道も通っているから、営所だけでなく宿も同時に存在したということもできよう（図22）。すなわち、この場合の「石井」は石井営所の石井ではなく、営所も含めた広域地名としての石井であったと考えたいと思う。

将門と平氏一族の政治的地位

将門の自立性

以上、将門の国府襲撃事件の経過を踏まえたうえで、常陸国司藤原維幾と将門との間で授受された「移牒」と、将門が拠点とした「営所」との性格を分析することによって、関東における将門の政治的地位について検討した。それらをまとめると次のようである。

武蔵国府から始まる国府襲撃事件は、それぞれ性格に違いがあり一括して議論することはできない。まず、武蔵国府の場合は新任国司興世王・源経基と郡司武蔵武芝との紛争に将門が介入し調停した事件であったが、ここでは将門の調停者としての地位と、経基の上奏によって将門が「反乱」に至る前兆を示すことに意味があったと考えられる。

次の常陸国の場合は、調停者としての将門が反乱者として立ち現れた場面である。ここでは武蔵国の場合とは異なって、郡司ではなく「国の乱人」であり行方《なめかた》郡や河内《かわち》郡など広域を支配する藤原玄明を庇護する位置が将門に与えられており、すでに武蔵国とは違ったステージが用意されている。まさに反乱に至る条件が整えられている。さらに、国司との「移牒」のやりとりなどが詳細に叙述されることによって、国司とならぶ将門の政治的地位が示されている。そして、興世王の扇動もあって、将門は自らの皇統《こうとう》意識を確認し反乱することを宣言するのである。

下野・上野両国府の場合は、調停者という立場をかなぐり捨てて、反乱の完成に向かう将門が描かれている。両国府を占領した将門はついに上野国府で「新皇」を宣言するに至った。

次に「移牒」に関しては、戸田芳實の研究を前提に川端新の新しい研究成果、とくに「衙式牒」の研究に依拠して、将門の政治的地位を考えた。その結果、将門は戸田のいうように軍事貴族としての自立性をもっており、かつ「移牒」の授受にみられるように、官司ではないが自らを「疑似官司化」した存在であった、と評価した。将門が、このような立場を維持できる背景には、鎮守府将軍であった父良持や関東諸国の国司に任じられていた伯父ら平氏一族の政治的地位があったということができよう。

また、このような将門の自立的な政治的地位は、彼が根拠とした営所の性格によっても確認できる。まず、『将門記』に営所は三ヵ所しか出てこないことを確認する必要がある。そのうえで、営所は単なる軍事的拠点ではなく、武蔵国司の興世王と源経基が籠った狭服山の営所の存在形態がよく示すように、営所とは国司がいざという時に妻子をつれて避難できる場所であった。その役割からすれば、営所は「公的」とまでいえないにしても「準公的」な性格をもった施設であったということができよう。

平良兼が拠点とした水守営所も古代の筑波郡衙に近く、この後、常陸平氏の拠点となる多気に近接していることを考えれば、常陸国西部を支配する準公的な政治的・軍事的拠点であったと評価することができよう。

将門の石井営所は構造に関する記述はあるが、その性格を知ることができる記述がないため具体的な評価はできないが、「宿」としての性格を合わせもっていたことを考えれば、私的な軍事拠点というよりやはり準公的な性格をもった施設と考えることができるのではないだろうか。

一〇世紀前半、平氏一族の政治的地位

以上のように、平将門の政治的地位は、国司と「移牒」を授受できる「疑似官司化」した地位にあり、かつ営所という準公的な施設＝政治拠点をもつことができる地位にあったと評価することができる。

しかし、このような政治的地位は将門だけがもっていたわけではない。

将門に限った方が検討しやすいと考えたので彼を中心に述べてきたが、水守営所を政治的拠点として常陸国と下野国とを結ぶ交通網を掌握していた良兼もまた、「疑似官司化」した存在であり、準公的な性格をもった存在であったと理解しなければならない。

すなわち、一〇世紀前半の平氏一族は全体として上記のような政治的地位を獲得していたのであり、この点こそが、彼らが筑波山西麓に獲得できた政治基盤を支える具体的な地位であったのである。

前の「平氏一族内紛の要因」の節でも述べたように、内紛の主要な要因は、一族として保持していた関東諸国に対する広域的な支配権と奥羽・エゾの富に対する利権とをめぐる対立であって、「内紛」「私闘」などということばから連想されるような、将門と他の一族との政治的地位の違いによるものではなかったのである。それは、本章の結論によっても裏付けられる。

「新皇」即位と八幡神・道真の霊

「新皇」即位の歴史的意義

「新皇」即位の場面

常陸国・下野国・上野国の国府を襲い、それぞれの印鎰《いんやく》を奪って国司を追い出して関東を制圧した平将門《まさかど》は、いよいよ上野国府で「新皇」を宣言する。将門の乱のクライマックスである。『将門記《しょうもんき》』はその場面を次のように記している。プロローグでも紹介したが、重要な場面なので再度引用しよう。

時に、一昌伎《しょうぎ》ありて云へらく、八幡大菩薩の使と憒《くちばし》る。朕《ちん》が位を蔭子《おんし》平将門に授け奉る。その位記《いき》は、左大臣正二位菅原朝臣の霊魂《れいこん》表《ひょう》すらく、右八幡大菩薩八万の軍を起して、朕の位を授け奉らん。今須《すべから》く卅二《（三二）》相の音楽を以て、早くこれを迎へ奉るべし、と。爰《ここ》に将門、頂《うなじ》を捧げて再拝す。（中略）斯《ここ》に於て、自ら製して諡号《いみな》を奏し、将門を名づけて新皇と曰《い》ふ。

前半を中心に現代語訳すると以下のようになろう。

> その時、一人の昌伎＝巫女《みこ》が現れ神憑《かみが》かりの状態になって次のように口走った。「私は八幡大菩薩の使者である。朕（天皇）の位を平将門に授けよう。その位記（位階を記した証明書）は左大臣正二位菅原道真《すがわらのみちざね》の霊魂が捧げるところである。（後略）

非常に衝撃的な場面である。武蔵・常陸・上野・下野の国府を掌握した将門は、ついに平安京の天皇に対抗して自分が「新皇」、すなわち新しい天皇であることを宣言したのである。日本史上珍しい皇統の分裂が起こった決定的な瞬間である。そして、その皇統の分裂を保証したのが八幡大菩薩＝八幡神《はちまんしん》と菅原道真の霊魂であった。八幡神と道真の霊魂が突如関東に出現したことも奇妙なできごとだし、後述するように、一〇世紀の前半怨霊《おんりょう》として中央政界で荒れ狂っていた道真の霊が反乱者将門の「新皇」即位を保証したのだから、怨霊と反乱者の結びつきというこれまた非常に希有な現象が起こった瞬間といえよう。

さらに『将門記』は、この後、「新皇」将門が関東諸国の国司を任命し「王城」＝宮都を「下総国の南亭」に建設せよと命じたこと、さらに左右大臣ら「文武百官」を定めたと記している。まさに関東に新しい「国家」が建設されようとした瞬間であった。

このように、将門の「新皇」即位に関する記述は、単に八幡神と道真の霊魂が突如登場するだけでなく、なによりも皇統に関わる大事件だけに、この「新皇」即位前後の場面については多くの研究者が言及している。それらを整理すると、以下の三つの論点に集約される。

「新皇」即位をめぐる三つの論点

その一つは、「新皇」宣言の契機となった道真の霊魂と八幡神の役割についてである。二点目は坂東諸国の国司補任と王城建設などにみられる将門の国家構想である。そして第三点は、いうまでもなく「新皇」宣言の政治的な意味である。

もう少し詳しく述べるならば、第一の道真の霊と八幡神の問題は、単に両信仰の拡大とその要因というような問題だけではなく、律令制的な神祇《じんぎ》体系にはない新しい二つの霊と神が「新皇」を正統化する神々として登場しているという、当時の国家的な宗教構造に関わる大きな問題であった。

第二の将門の国家構想については、石母田正の律令国家を模した「みじめな構想」であるという評価から（石母田一九五六）、鎌倉幕府の国家構想の前提であるという網野善彦の評価（網野一九八二）まで、さまざまな意見が出されている。これについては、将門の乱全体の評価とも関わるのでエピローグで再度取り上げることにしたい。

第三は、当時の皇統や王権に関わる大問題である。この問題は、第一の「新皇」を正統化する新しい神々の問題とも絡んで、当時の天皇制や王権の問題と密接に関係していることはいうまでもない。このように理解すると、詳しくは「「新皇」即位と王土王民《おうどおうみん》思想」の章で検討するが、天慶二年（九四〇）正月に発布された将門追討の太政官符に王土王民思想が発現されていることの意味も重要になってこよう。

このように、将門の乱は中世成立期における武士の反乱や武士成立論にとどまらない大きな歴史的意味をもった乱であったのであり、当時の政治的・宗教的状況全体のなかで解明されなければならない問題なのである。

ところで、将門の乱を含めた承平・天慶の乱が国家論・王権論と宗教構造上に占める歴史的位置について、大きな視点から発言をしているのは上島享である（上島二〇一〇）。上島は将門の乱を直接扱っているわけではないが、中世的な国家・王権の成立と、それに並行する中世的宗教構造の成立の重要な画期として承平・天慶の乱を高く評価している。

以下、上島の成果を参考にしながら、将門の「新皇」即位の歴史的意義について考えるが、ここでは第一に指摘した道真の霊魂と八幡神の登場の意味について考えることにし、第三は次章「「新皇」即位と王土王民思想」で検討することにしたい。

平安京における道真の怨霊と八幡神

二つのアプローチ

まず、将門の「新皇」即位が八幡神と菅原道真の霊魂によって保証された意味について考えよう。

この問題は、八幡神と道真の霊魂の登場があまりにも唐突すぎるので、『将門記』作者の脚色であり、『将門記』のフィクション性を示す箇所として扱われることが多かった。しかし、最近では、将門の乱鎮圧後の天慶八年（九四五）に起こった「シダラ神」事件に道真の霊魂と石清水八幡宮が関係していること（河音一九七六）や、道真の子が常陸国司を勤めていることが明らかにされ（川尻二〇〇七）、両者がこの場面に登場してくる条件があったことが指摘されている。

本書でもその立場に立ち、将門の「新皇」即位の場面に八幡神と道真の霊魂が登場してくる状況を明らかにしたいと考える。

ところで、この問題を考えるためには二つのアプローチが必要である。まず第一は、この事実が『将門記』でしか確認できないことから、これは『将門記』筆者の周囲で起こっていた宗教状況の反映であると考えるべきで、当時の京都や貴族社会における八幡神と道真の霊魂の動向を踏まえて評価しなければならないという視点である。もう一つは、といいながらも、「新皇」即位の舞台が上野国府であったことを重視するならば、関東における八幡神信仰と道真の霊の動向についても考慮すべきであるという視点である。

関東における八幡神と道真の霊登場の条件を知るためにも、まず、当該期の平安京における道真の怨霊の動向について検討することが必要であろう。

平安京における道真の怨霊

菅原道真は、九世紀末、宇多《うだ》天皇によって蔵人頭《くろうどのとう》に抜擢され、その後、遣唐大使に任命されるなどして、文人貴族として政治的地歩を築くとともに、昌泰四年（八九九）には右大臣に昇進し、中央政界で重きをなした。

しかし、宇多天皇が退位すると、道真の躍進を心よく思っていなかった左大臣藤原時平は、醍醐《だいご》天皇と組んで道真が皇位を狙ったことを口実に突如排斥し、延喜元年（九〇一）、道真を大宰権帥《だざいごんのそち》として大宰府に左遷してしまう。そして、道真がその地で非業の死を遂げたことはよく知られた事実である。

ところが、道真の死後まもなくして、道真を左遷した貴族たちのあいだに奇妙な事件が連続して起きる。まずはその首謀者であった時平が延喜九年に病気によって急死してしまう。さらに同一三年には道真の後を襲って右大臣に就任した源光《ひかる》が事故死し、延長元年（九二三）には醍醐天皇の子で皇太子であった保明《やすあきら》親王、さらに延長三年には保明親王の子で、彼のあと皇太子に就いていた頼慶《よりよし》王が早世してしまう（以上の記述は『日本紀略』同年条を参照）。道真左遷のもう一人の首謀者であった醍醐天皇の後継者が次々と死んでしまったのである。

なかでも保明親王の死亡は当時の平安京の人々に大きな衝撃を与えたようで、『日本紀略』は

皇太子保明親王薨《こう》ず。年廿一。天下の庶人、悲泣せざるなし。その声雷の如し。世挙げて云ふ。菅帥《かんのそち》の霊魂の宿忿《しゅくふん》の為すところなり。

と記している（延長元年三月二一日条）。人々が醍醐の皇子らの一連の死が「菅帥」＝菅原道真の霊魂の「宿忿」（長年の恨み）のせいであると理解していたことは間違いない。

さらに道真の霊魂は京の住民にとどまらず、当時の貴族社会をも恐怖に陥れていた。

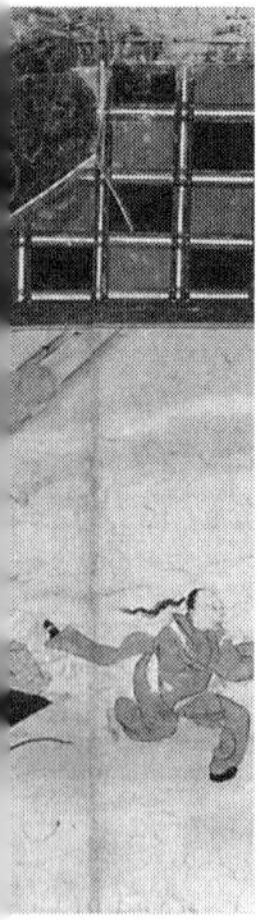

図24　道真の怨霊による清涼殿への落雷（『北野天神縁起絵巻』第5巻より，京都市上京区・北野天満宮所蔵）

それは保明親王の死から一月後に発布された詔に鮮明に現れている。詔はまず、道真を本官の右大臣に戻し従二位から正二位へ追贈《ついぞう》することを命じ、さらに、道真を大宰府に左遷した「昌泰四年正月廿五日の詔書」を廃棄すべきことまで命じていた（『同書』同年四月二〇日条）。貴族たちが道真の霊魂＝怨霊をいかに恐れていたかが知れよう。

道真の怨霊はこれにとどまらなかった。延長八年には宮中の清涼殿《せいりようでん》に落雷があり、会議中の大納言藤原清貫《きよつら》をはじめ大勢の公卿らが死傷するという事件が起きたのである（『同書』延長八年六月二六日条）。『日本紀略』はこの落雷を「霹靂《へきれき》（雷）の神火」と記す。この「神火」が道真の怨霊によるものであることは『北野天神縁起絵巻』の「落雷」の場面が活写するところである（図24）。この落雷にショックを受けた醍醐天皇はその日「不豫」（病気）になり、九月二二日に死亡した。このように、一〇世紀前半の宮中・平安京には道真の怨霊が吹き荒れていたのであった。

道真の霊の神格化

しかし、その数年後から新たな動きが出てくる。まず、天慶五年（九四二）に、右京七条の多治比文子《たじひのあやこ》という少女に故道真の霊を祀るようにという託宣があり、さらに五年後には近江国比良《ひら》神社の神官の子太郎丸にも同様の託宣があって、道真の霊の神格化の動きが始まったのである。そして、このような動きを受けて、天暦元年（九四七）には、現在の北野天満宮の所在地にあった朝日寺の僧最鎮《さいちん》（最珍）らが朝廷の命を受けて、その地に道真の霊を祀る社殿を造営し神宮寺としたのである。これが現在の北野天満宮の濫觴《らんしょう》である（村山一九九六、図25）。

道真の霊魂＝怨霊の神格化が始まったのが醍醐天皇の死から一〇年あまり、社殿が建築されたのがわずか一七年後のことであった。この動きの背景に摂関家（藤原忠平《ただひら》・師輔《もろすけ》）の協力があったとしても、あまりにも早い神格化の動きといえよう。そして、なによりもこのような動きが将門の乱とほぼ同時期に進行していたことに注目しなければならない。

図25　北野天満宮（京都市上京区）

石清水八幡宮の成立と八幡神信仰

一方、八幡神はどうか。八幡神の大本は豊前《ぶぜん》国（現大分県）の宇佐《うさ》神宮である。八幡神がその宇佐神宮から京都の石清水《いわしみず》男山《おとこやま》に勧請《かんじょう》されたのは貞観二年（八六〇）のことである。「石清水八幡護国寺縁起」などに拠れば、南都大安寺の僧行教《ぎょうきょう》が宇佐神宮で修行をしていたところ、夢に「すべからく近都に移り、国家を鎮護すべし」という八幡大菩薩の託宣があり、山城と摂津の国境の石清水男山に移坐することになったという。他にも「近都に移坐するのは、王城を鎮護するためである」というお告げがあったというから、石清水八幡宮は平安京を鎮護する神として登場した「新しい神」であった。

八幡大菩薩の石清水勧請にどのような政治的・宗教的意図があったかは不明だが、その後の石清水八幡宮の神格の上昇は目をみはるものがある。年表風に整理すると次のようである。

勧請された翌貞観三年には祈雨奉幣《きうほうへい》の近京名神《みようじん》七社の一社として勅使《ちよくし》（天皇の命を伝える使者）が派遣され、貞観七年には王城鎮護の象徴と思われる楯矛《たてほこ》と御鞍《みくら》が勅使によって奉納された。そして、貞観一一年に新羅《しらぎ》海賊が博多湾に現れ絹・綿を略奪して逃げ去るという事件が起こると、その鎮圧のために伊勢神宮や北九州の宗像《むなかた》神社・筥崎宮《はこざきぐう》・香椎《かしい》宮《のみや》らに奉幣が行われると同時に、石清水八幡宮にも奉幣があり、その告文《こうもん》（神に捧げることばを書いた文書）には「石清水乃皇大神《いわしみずのこうたいしん》」と記されていた。勧請からわずか一〇年あまりで、早くも石清水八幡宮は王城鎮護の神から天皇家を鎮護する神＝「皇大神」へと展開したのであった（以上、飯沼二〇〇四）。

飯沼賢司によれば、このような石清水八幡宮の神格上昇の背景には藤原良房《よしふさ》の政治的思惑があったというが、その後も神格の上昇は続く。天慶五年（九四二）には承平・天慶の乱鎮定の報賽《ほうさい》（祈願成就のお礼）として石清水臨時祭が行われ、天元二年（九七九）には石清水行幸《ぎようこう》が実施された。そして、一〇世紀末には十六社奉幣制のなかで伊勢神宮に次ぐ位置まで昇り、代替わりには天皇が最初に行幸する神社にまでなったのである。

藤尾寺事件

以上のように、石清水八幡宮の国家神としての性格は一〇世紀中頃から後半にかけてほぼ確立したことは間違いないが、しかし一方で、新しくかつ政治的な思惑によって勧請され神格の上昇が実現されてきた神だけに、民衆社会には十分広まっていなかったことにも注目したい。それを示す象徴的な事件が天慶二年（九三九）の「藤尾寺《ふじおでら》事件」である。

『扶桑略記《ふそうりやっき》』天慶二年の「夏比《なつのころ》」に、「或記《あるき》」として次のような記事が掲載されている。粟田山《あわたやま》の東で山科《やましな》里の北に藤尾寺という「仁祠」があり、その南に道場があった。そこには一人の尼が住んでおり、以前より石清水八幡大菩薩の像を安置していた。その像の霊験はあらたかで事に触れて瑞祥《ずいしょう》（めでたいしるし）があったので遠近の僧尼や貴賤男女が林をなして帰依し、群集は市をなすほどであった。

一方、石清水本宮では毎年八月一五日に放生会《ほうじょうえ》が行われ、これも上下諸人が集まって賑やかであった。ところが、先の尼が同日に放生会を開催し、昼は伶人《れいじん》（楽人）を迎え音楽の妙曲を尽くし、夜は名僧を呼んで菩薩の大戒を伝え、さらに飲食の引物は善を尽くし美を尽くし、布施や供養の物は山や岳のようであったため、僧徒や楽人は本宮の放生会に行かなくなり、本宮の法会はまったく廃れてしまった。

ここで本宮の道俗が相議したところ、「菩薩の広徳は普《あまね》く法界を尽くしている。したがって、彼の尼の宿慮《しゅくりょ》を制止するべきではない。しかし、同日に法会を設けるのは本宮の「障礙《しょうがい》」＝障害になっており、源流が細く末流が深い、さらに本根が小さく末葉が大きいという状況を生み出している行為は放っておけない」ということになった。

そこで本宮は新宮に牒《ちょう》（互通の文書）を出して「細かいことは禁抑するつもりはないが、ただ、八月一五日は本宮の放生会の日なので、新宮の法会を他日に改めて欲しい」と要求したが、尼は本宮の申し出をさげすみ年を経ても改定しなかった。そのため、ついに本宮の「道俗」数一〇〇〇人が山科の新宮に向かい、神社を破壊して尼を捕らえ、安置されていた大菩薩の像は本宮に移し、捕らえた尼も本宮に連れ去った。

長い紹介になったが、藤尾寺の道場＝新宮に祀られた八幡大菩薩像への信仰が隆盛を極め、本宮＝石清水八幡宮の八月一五日の放生会でさえ新宮のそれに押されて衰退してしまうほどであったこと。その状況に危機を感じた本宮は別の日の開催を要求したにもかかわらず無視されてしまったこと（それだけ新宮の八幡大菩薩に対する民衆の信仰が厚かった）。それで本宮はついに実力行使に及んで、新宮を破壊して菩薩像を本宮に移すとともに、それを祀っていた尼を本宮へ連れ去ってしまったというのである。

さて、この事件はどのように評価したらよいであろうか。八幡大菩薩への信仰が京都近郊（山科周辺）の民衆に広がっていたことを示していることは間違いないが、その信仰が八幡大菩薩を祀る石清水八幡宮への信仰に繫がっていなかったことが重要である。八幡宮にとって一番重要な法会である放生会さえ新宮の隆盛に押されてしまい、挙行できない状態に陥っていたのである。ここに一〇世紀前半の石清水八幡宮の信仰上の位置を読み取ることができるあろう。

藤尾寺事件の評価

柴田実はこの事件を、「石清水の本宮が国家の宗廟《そうびょう》としての尊厳と威勢とを誇っている間に、民間では八幡神はその最も切実な日常的欲求にこたえ、その災厄《さいやく》を救うところの神としての信仰をすでに広く博していた」と評価しているが（柴田一九六六）、正鵠《せいこく》を射た評価といえよう。また、柴田の評価を受けて竹内光浩も「八幡神がたとえ（中略）国家を担おうとも、それはあくまでも政治権力者の世界の話であり、民衆の世界には無縁のものであった」と述べているが（竹内一九九三）、まさにそのとおりである。

すなわち、両氏の評価をもとに考えるならば、前述のように勧請直後から皇祖神・国家神としての位置を獲得した石清水八幡宮であったが、実際の民衆社会では信仰を集めることができず、名も知らない尼が祀った大菩薩像への信仰に圧倒されてしまう状況にあった。当該期の石清水八幡宮への信仰は民衆世界にはまだ十分浸透していなかったのである。

ところで、『扶桑略記』は、この藤尾寺事件の直後に「或記云ふ」として、近日、東西二京では「大小路の衢《ちまた》（交点）」に木を彫って作った男女一体の像を安置して、「岐神《ふなど》」とか「御霊《ごりょう》」と呼んで供養することがはやっており、人々はなんの御利益があるのかわからず不思議がってる、という記事を収録している。

『扶桑略記』の編者が、この記事を藤尾寺事件の直後においた理由はわからないが、うがった読み方をすれば、前述の尼が祀った八幡大菩薩も、民衆にとっては平安京のなかで流行《はや》っていた「岐神」や「御霊」と同様の存在でしかなかったことを示しているのではないだろうか。民衆の信仰の対象としての八幡大菩薩がこのようなものであった以上、八幡大菩薩を祀るだけでは民衆の信仰が石清水八幡宮に集まらなかったのも当然といえよう。

石清水八幡宮の神格上昇と承平・天慶の乱

ところが、この事件後の天慶五年に実施された石清水臨時祭以後、石清水八幡宮の神格はふたたび上昇し続け、ついには伊勢神宮に次ぐ神格を獲得したことは先述したとおりである（図26）。

その時注目したいのは、その契機となった石清水臨時祭が承平・天慶の乱鎮定の報賽《ほうさい》（祈願成就のお礼）として実施されたことである。『本朝世紀《ほんちょうせいき》』天慶四年一一月五日条には、平将門と藤原純友の乱が平定され、それぞれ両者の「首」が奉られたことを記した後、次のように記されている。

図26　石清水八幡宮（京都府八幡市）

これ尤も神明の誅罰《ちゆうばつ》なり。仍て賀茂《かも》上下に行幸《みゆき》あるべし。又、今年より始めて石清水に舞歌人らを奉るべし。式《しき》乾門《けんもん》内西脇屋《にしわきや》を以て楽所となし、今日より始めてこれを行わる。（中略）歌に云ふ、祈久留、八幡乃宮乃、石清水、由久須恵度保久、津可陪末津羅无。

　平安京の守護神である賀茂上下社に御幸すべきことともに、石清水八幡宮への舞人歌人の奉納が命じられている。また、楽所が設けられた式乾門は内裏の西北＝戌亥《いぬい》（乾）の角の門であるから、これらの対応が承平・天慶の乱平定に対する報賽であったことは間違いないであろう。そして、その時に捧げられた歌「祈久留、八幡乃宮乃、石清水、由久須恵度保久、津可陪末津羅无」は、祈《いのり》くる、八幡の宮の、石清水、行く末遠く、仕え奉らん、と読むのであろうから、石清水八幡宮は正式な国家神として位置付けられることになったのである。

本節で菅原道真の霊魂が神格化されていく過程を概観した際、その神格化の過程が将門の乱の経過とほぼ同時であったことを指摘したが、石清水八幡宮の神格上昇もまた承平・天慶の乱の平定が決定的な契機になっていたのである。このことは、道真の霊魂と八幡神という新しい神が摂関期の神祇体系に位置付けられていくうえで、将門の乱が果たした役割が非常に大きかったことを示している。

ここに、将門の「新皇」宣言に際して八幡大菩薩の使いと道真の霊魂とが現れる根拠があるようにも思うが、これについては、もう少し二つの神の関係を追いかけてから考えることにしよう。

シダラ神事件

上昇しつつあった二つの神が同時に現れる事件がもう一つある。それは天慶八年（九四五）に起こったシダラ神事件である。

シダラ神事件とは、天慶八年の七月末から八月にかけて起きた事件で、数基の「筑紫神《しん》輿《よ》」（「自在天神《じざいてんじん》」〈故菅原道真の霊〉や宇佐八幡大菩薩などを祀った輿《こし》）が「数千万人」の人々に担がれ、摂津国河辺郡《かわべ》から山城国乙訓郡《おとくに》山崎郷までできて、いよいよ京に向かおうとしたとき、ある女性が「吾は早く石清水宮とらに参らん《(ママ)》」と託宣したことによって突如石清水八幡宮に吸収されてしまった事件である（『本朝世紀』天慶八年八月三日条、『吏部王記《りほうおうき》』同年八月二日条など）。

これらの神々は別のところでは「志多羅神《したら》」ともいわれており、かつその神輿が送られてくる過程で歌われた「童謡《わざうた》」に「志多良打て《したら》」などとあることから、俗にシダラ（志多羅）神事件といわれている。

この事件が、これまで注目されてきたのは以下の二点からである。その一つは、送られてきた神＝シダラ神がそれまでの神祇体系にない新たな神であり、これはその新興の神を祀った運動であったことである。そのうえそのとき歌われていた童謡のなかに、

月は笠着る、八幡は種蒔く、いざ我等は荒田開かん、

とか、

志多良米、早買ば酒盛らば、その酒富める始めぞ、

という歌詞があることから、この運動の本質は、律令体制の崩壊のなかから新しく形成された階層である富豪層が新たな神を祀ることによって自分たちの耕地開発を讃え、開発によって生じる富を讃える農業賛歌であったという評価である（戸田一九六二）。

もう一つは、担がれていた神輿が「自在天神」（故菅原道真の霊）であったことである。これは、藤原時平によって左遷され非業の死を遂げた道真の霊を「筑紫」から京へと運ぶことによって、強化されつつある藤原北家による政治の独占を批判し、抵抗しようとする意志を表現するものであった、という評価である（河音一九七六）。

前者の評価については付け加える点はないが、後者については、これまでの叙述との関連でもう少し付け加えておこう。

まず、これらの神輿が「筑紫神輿」といわれ、具体的には「自在天神」＝道真の霊と宇佐八幡大菩薩であったことである。すなわち、この運動は初めから筑紫国大宰府で死んだ道真と石清水八幡神の勧請源《かんじょうげん》である宇佐神宮に出発点が設定されていたのである。ここに道真の霊魂と八幡神との「協働」の存在を確認することができる。そして、これらの「筑紫神輿」は託宣によって石清水八幡宮に移座することになった。すなわち、道真の霊と宇佐八幡神は石清水八幡宮に吸収されてしまったのである。

シダラ神事件の歴史的意味

これはなにを意味しているであろうか。この時期の道真の霊魂については本節で縷々《るる》述べたように、平安京の貴族や人々を恐怖に陥れていた怨霊そのものであった。それを石清水八幡宮が受け入れて道真の怨霊を鎮めたということは、王城と皇統および貴族社会を守護するという石清水八幡宮の役割をより強化するものであったということができよう。

もう一つの宇佐八幡神を再度受け入れたのも、八幡神を祀る石清水の位置をより明確にするものであったと考えられる。先述のように、石清水八幡宮の地位を揺るがしかねない藤尾寺事件が起きたのは六年前の天慶二年のことであった。

また、この事件を言上した石清水八幡宮護国寺三綱《さんごう》（寺内の僧侶や寺務を管轄する役職）らの言上状によれば、シダラ神の移座が起こったのは今月一日で、「来る一五日の恒例の御願《ごがん》御放生会の色衆・行事を定める式日」であったという。それを定めるため所司や神人らが集会をしていたところ、この事件が起こったのである。藤尾寺事件も最終的には放生会の式日が問題であったことを思い出していただきたい。その放生会の準備をしているときにシダラ神事件が起こり、道真の霊魂も宇佐八幡大菩薩も石清水八幡宮が引き受けることになったというのはあまりにもよくできた話ではないだろうか。

前述のように、天慶二年には東西二京で「大小路の衢」に木彫りの神――「岐神」「御霊」――を祀ることが流行り、人々はなんの御利益があるのかわからず、不思議がったことが記されていたし（『扶桑略記』同年条）、天慶五年には右京七条の多治比文子に故菅原道真の霊を祀るようにと託宣があった。

また、シダラ神事件を伝える記事の直前には、「近日、京洛の間、その訛言《かげん》（誤った風評）、東西の国より諸神入京すと云々。或は志多羅神と号し、或は小藺笠神《こいがさのかみ》、或はまた八《はち》面《めん》神と称す」という記事があったように（『本朝世紀』天慶八年七月二八日条）、天慶年間（九三八〜四七）にはそれまでにない性格の不明な新しい神々が次々に生まれていたから、シダラ神のような事件が起こってもなにも不思議はない。

しかし、怨霊である道真の霊と宇佐八幡神がともに石清水八幡宮に移座したという話の背景には、石清水八幡宮神官らによる八幡宮の地位の上昇を図るための神学的操作があったと考えた方が理解しやすいように思うがいかがであろうか。

先に紹介した竹内も、「民間から起こったこの御霊騒動をどう収束させるかが、十世紀半ばの支配者の課題になったのである。（中略）そこに要求されるのが強権の発動と神学的操作だった」と述べ、その「強権の発動」として将門の乱の鎮圧と藤尾寺の破却をあげるとともに、「神学的操作」の一つとして「志多良神の石清水移座」をあげている。

将門の乱が起こっていた天慶年間に、道真の霊魂の神格化と石清水八幡宮の神格の強化を図ろうとする二つの露《あら》わな運動が起こっており、それを目の当たりにした『将門記』の作者に強い印象を与えた結果、それが『将門記』の将門の「新皇」宣言の場面に反映されたのではないだろうか。

関東における道真信仰

次に菅原道真の霊魂が将門の「新皇」即位の場面に現れる関東の条件について考えることにしたい。一方の八幡神については、いまのところその条件について検討する材料をもっていないので、残念ながらここで触れることができないことをお断りしたい。

常陸介菅原兼茂の役割

道真の霊魂が関東に現れる要因について、近年積極的に発言しているのは川尻秋生である（川尻二〇〇一・二〇〇七）。川尻は前著で道真の息子たちが東国の国司に任命されていることにまず注目する。『尊卑分脈《そんぴぶんみゃく》』によると景行《かげゆき》が常陸介、旧風《もとかぜ》が武蔵介、兼茂《かねもち》が常陸介という官途《かんと》を有しているが、そのなかでも川尻が注目しているのは兼茂である（図27）。

図27　菅原氏略系図

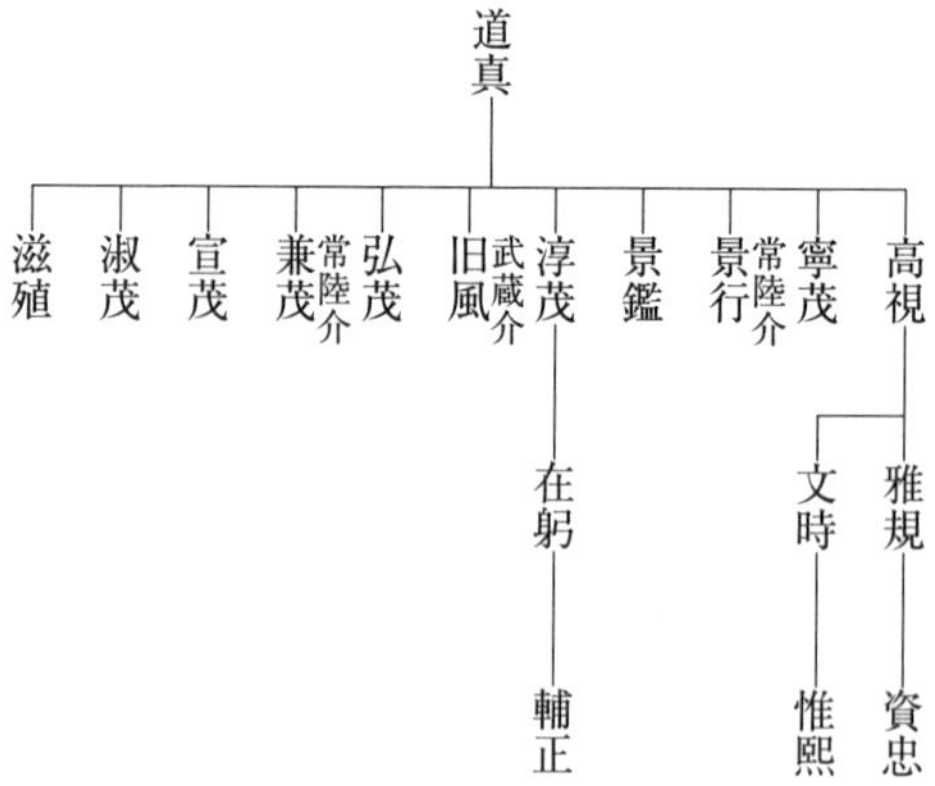

兼茂は承平年間（九三一〜三八）の後半頃、常陸介として赴任していたことが確認できるうえ（『政《せい》事要略《じようりやく》』巻二七）、『扶桑略記』延長五年（九二七）一〇月条には『吏部王記《りほうおうき》』（醍醐天皇の子重明《しげあきら》親王の日記）からの引用として次のような話が記載されている。

この月、流言がとても多かった。ある人がいうには「故大宰帥菅原道真の霊が、夜、旧宅を訪れ、息子の大和守菅原兼茂に雑事を語っていうには、「朝廷に大事件が起こるだろう。その事は大和国から起こるであろう。お前は慎んでその事を行わねばならない」と。その他のことについてもとても多くを語ったということである。ただし、他の人はこの話を聞くことができなかった。兼茂はこのことを秘密にして他人に話さなかった」と（川尻二〇〇七より）。

内容としては不明な点も多く、実際道真の霊と兼茂が会話をしたというのも疑わしいが、

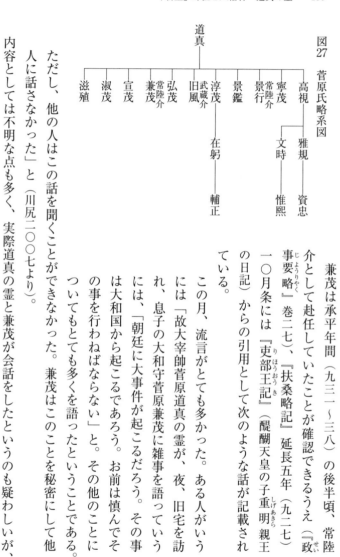

延長五年というと、醍醐天皇の皇太子保明親皇が道真の怨霊によって死亡した後、その後を継いで皇太子になっていた親王の子頼慶王もまた早世してから二年後のことである。また、内裏清涼殿に落雷があり多くの公卿らが死傷するという事件が起こるのはこの三年後（延長八年）のことであるから、延長五年というのは道真の怨霊が吹き荒れていた最中であった。

「朝廷の大事件」が「大和国から起こる」というのは不明だが、年代的経過から考えて、これは延長八年の清涼殿落雷事件を予言したものとも考えられよう。その事件の張本が道真の怨霊であったから、息子の兼茂に「事が起こったら慎んで行動せよ」といい、兼茂も「秘密にして他人には話さなかった」のではないだろうか。

この後、兼茂は常陸介として赴任した。川尻は兼茂が常陸国府でこのような父道真の行状について語った可能性が高いという。そして、『将門記』の末尾に、将門が「新皇」に就いて身を滅ぼしたのは「尤《もつと》も斯《こ》れ武蔵権守興世《おきよ》王・常陸介（掾）藤原玄茂《はるもち》が謀《はかりごと》の為すところなり」とあることから、同じく常陸国の国司であった菅原兼茂から道真の霊の情報を得た藤原玄茂と興世王とによって将門の「新皇」即位は演出され、道真の霊が登場することになったのではないか、という。道真の霊の登場を説明した新しい理解として注目される。

図28　大生郷天満宮（茨城県常総市）

大生郷天満宮社伝と二つの石碑

私は、これに加えて、日本三大天神といわれ、現在も茨城県常総《じょうそう》市に存在する大生郷《おおのごう》天満宮の由来についても考えてみたい。

天満宮の社伝によれば、道真の三男景行が父の安否を尋ね、左遷された大宰府を訪れたとき、道真は自ら自分の姿を描き、「自分が死んだなら骨を背負って諸国を遍歴し、それが重くなって動かなくなればその地に墓を作れ」と遺言した。景行は従者とともに諸国をめぐって二〇数年が過ぎた時、常陸介に任ぜられて赴任した常陸国の筑波郡羽鳥《はどり》郷（現桜川市真壁町羽鳥）に塚を造り、延長四年（九二六）、この地の豪族源護《まもる》と平良兼らとともに道真の遺骨を納めて祀った。そして三年後、当時飯沼に浮かぶ島だった現在地に社殿を建て遺骨を移して祀ったのが大生郷天満宮である、という（図28）。また、この天満宮は関東から東北にかけては最古の天満宮であるともいわれる。

景行が常陸介であったことは『尊卑分脈』でも確認できるが、景行が羽鳥に塚を築いたのが延長四年であったのに対して、川尻が評価した兼茂が常陸介として赴任したのは承平年間の後半であった。時代的にはややずれるが、景行といい兼茂といい道真の子らが常陸国の国司として赴任し、この地域に道真信仰拡大の種を蒔いていたことは興味深い。

二つの碑文

実は、史料性に関しては疑問があるが、社伝を裏付けてくれる碑文が残されている。早くは『将門伝説』の筆者が注目し（梶原・矢代一九七五）、最近ではそれを受けて樋口が取り上げているので紹介しよう（樋口二〇一五）。

それは明治四四年（一九一一）に飯島六石によって発見された二つの碑文で、一つは桜川市真壁町羽鳥の歌姫《うたひめ》神社（A）に、もう一つは大生郷天満宮（B）に所在したという。現在、A・Bともに大生郷天満宮の境内に所在するが、残念ながら両方とも文字の判読は不可能である（図29）。

それらは次のように読めたとされている。

A　延長四年二月廿五日

図29　二つの石碑（茨城県常総市・大生郷天満宮所在）

B

常陸羽鳥菅原神社
為右菩提供養也〈所建〉
菅景行源護平良兼等共也
常陸羽鳥菅原神社之移
菅原三郎景行兼茂景茂等相共移
従〈筑波霊地〉下総豊田郡大生郷
常陸下総菅原神社
為菅原道真卿之菩提供養也
常陸介菅原景行所建也
菅原三郎景行卌（四十）四才也
菅原兼茂卅七才也
菅原景茂三十才也

菅公
墓地
移従羽鳥
定菅原景行〈常陸〉羽鳥之霊地墳墓也
延長七年二月廿五日

Aの碑には、延長四年二月二五日に、菅原

景行と源護・平良兼らが菩提供養のために常陸国羽鳥に菅原神社を建立したと記されている。そしてBの碑には、その三年後に景行・兼茂・景茂の三兄弟が、道真の菩提を供養するために羽鳥にあった菅原神社を豊田郡大生郷に移したことが記されている。

二つの碑文の評価

この二つの石碑は、本来は「道真公」とあるべきところを「道真卿」としたり、紀年がともに道真の祥月《しようつき》命日の「二月廿五日」であったり、Bには三兄弟の年齢がわざわざ記されているなど、樋口のいうように「後世の作」であることは間違いない。ただ興味深いことは、Aの建立者として菅原景行とともに源護と平良兼が記されていることと、移転した大生郷が豊田郡であったことである。すでにプロローグで将門の乱の経過として述べたように、源護と平良兼は将門が最初に戦った相手であったし、豊田郡は将門の支配領域であった。

前者については、常陸介として下向した景行が筑波山西麓を拠点としていた源護と、羽鳥に拠点のあった良兼との協力を得て父道真の霊を供養した可能性は残されている。道真の霊が怨霊となって京都中を恐怖に陥れていたという情報がまだ東国には伝わっていない段階の記憶によるものであろうか。

大生郷への移転の理由は難しいが、源護と良兼がともに将門との合戦によって敗死してしまったことを踏まえて、彼ら二人を外すとともに良兼の拠点であった羽鳥を避け、かつ反乱者となり誅伐された将門の本拠である猿島郡石井《いわい》にもやや近い大生郷を選んだとも考えられる。

もちろん、この二つの碑文は後世の作であるから、このような推測は意味がないことであるが、あえて推測を行ったのは、樋口もいうようにこの二つの碑文の内容には「決してたんなる想像上の産物ばかりでなく、そこには常総地方における菅原氏一族関係伝承も反映されていると考える」からである。

川尻のいう菅原兼茂か、それとも大生郷天満宮の社伝と二つの石碑が伝える景行か、という二者択一の問題ではなく、将門の乱以前を起源にした道真伝説＝道真信仰がこの地域に享受されていたと考えることができるのではないだろうか。

当然、『将門記』の影響も考えなければならないが、『将門記』では道真の霊が将門の「新皇」宣言の根拠であったから、それを知っていれば、Ａの碑文のように将門に滅ぼされた源護と平良兼が道真の霊を供養したという内容にはならないであろう。

明言することはできないが、将門の「新皇」宣言の場面に道真の霊が出現する条件は当時の関東にも存在したと考えたい。

平将門の乱と中世的宗教秩序の形成

二十二社制の成立

「平安京における道真の怨霊と八幡神」の節で検討したように、道真の霊魂と八幡大菩薩がそれぞれ天神と八幡神という神格を獲得する過程が将門の乱の過程とほぼ一致するだけでなく、この乱をその契機にしていたと考えられる。

この新興の二つの神が将門の「新皇」宣言の場面に登場してくるのは、承平・天慶の乱と天神・八幡大菩薩の神格上昇との関係を体験した『将門記』作者の作為である可能性があるとしても、当時の人々にとっては必然の現象として受け止められたのではないだろうか。それは、この二つの神が承平・天慶の乱後さらに神格を上昇させていくことによっても裏付けられる。

上記のような天神と八幡神の神格上昇だけでなく、古代的神祇秩序から中世的神祇秩序への転換において承平・天慶の乱の画期性を主張しているのが上島享である（上島二〇一〇）。氏の論点は多岐にわたっており、将門の乱を扱っている本書ではそれらの論点について言及する力量もないが、氏の指摘のなかで、天神と八幡神との位置付けに関連して注目したいのは、一一世紀末に成立する二十二社奉幣制と承平・天慶の乱後の天暦年間に作成された『国内神名帳《しんめい》』についてである。

この時期、律令神祇令に規定された古代的な神祇体系が崩れ、新たな神祇体系が形成されてくることはすでに明らかにされている（岡田一九九四）。その代表が二十二社奉幣制である。

平安時代の朝廷と神社をつなぐ祭祀制度の一つとして、祈雨《きう》・祈年穀《きねんこく》など国家の大事に際して臨時に朝廷より使者が遣わされ、宣命《せんみょう》（天皇の命《めい》を宣べる文書）を奏して幣帛《へいはく》（神に献げる供物の総称）が奉られる奉幣制があるが、岡田荘司によれば、奉幣制は九世紀末～一〇世紀初頭に成立する十六社制を嚆矢《こうし》に、その後十九社、二十社、二十一社、そして一一世紀後半に二十二社制として確立するという。

この二十二社制がなぜ重要かというと、このなかに新興の神である北野天満宮と石清水八幡宮が明確に位置付けられて成立しているからである。岡田が整理した二十二社制の表

表3　二十二社制一覧

	所在地	名神	大神宝使	公祭	臨時祭	行幸	摂関神馬
伊勢	伊勢		○	○			
石清水	山城		○	○	○	○	○
賀茂	〃	○	○	○	○	○	○
松尾	〃	○	○	○		○	○
平野	〃	○	○	○	○	○	○
稲荷	〃	○	○	○		○	
春日	大和	○	○	○	○	○	○
大原野	山城		○	○		○	○
大神	大和	○	○	○			
石上	〃	○	○				
大和	〃	○	○				
広瀬	〃	○		○			
龍田	〃	○		○			
住吉	摂津	○	○				
日吉	近江		○	○	○	○	
梅宮	山城			○			○
吉田	〃			○			○
広田	摂津	○					
祇園	山城			○	○	○	○
北野	〃			○	○	○	○
丹生	大和	○					
貴布禰	山城	○					

注　岡田一九九四をもとに作成。

をみると明らかであろう（表3）。石清水八幡宮はすでに十六社制の段階で入っていたが、北野天満宮は正暦二年（九九一）から確認できる。

このように北野天満宮と石清水八幡宮は、承平・天慶の乱と時を同じくしてそれぞれの神格を上昇させ、国家的な性格をもつに至っただけでなく、古代律令制に基づく神祇体系に代わって成立した中世的な神祇秩序＝二十二社制のなかに明確に位置付けられることになったのである。

上島のいうように、承平・天慶の乱が中世的神祇秩序形成に大きな役割を果したことは間違いないが、反乱者将門の「新皇」即位の場面に現れ、それを保証した道真の霊魂と八幡大菩薩が国家的な神祇秩序である二十二社制のなかに位置付けられたことに、この時代の神祇秩序の変質をみることができよう。

『国内神名帳』の作成

この二十二社制とともに、中世的神祇秩序の成立にとって重要なのは、承平・天慶の乱後全国で新たな『国内神名帳』が作成されたことである。

上島は、乱の平定に神々の援助を得るため、天慶三年（九四〇）正月に「五畿七道名神等に一階を増し奉るべきの由」を約束し、乱平定後の同五年四月には京中・山城の諸神へ五三巻、諸国へ一三〇巻余の位記を発給していること、さらに天暦六年（九五二）には京畿七道諸神への位記五〇〇〇巻が請印され、左記の史料のように勅授《ちよくじゆ》

(天皇の命による位勲の授与)されたことを明らかにしている(『諸縁起集』、『石清水八幡宮史料叢書』二、縁起・託宣・告文)。

天暦六年五月十六日、天下諸神一階を増す、是《これ》去る天慶二年東西逆乱の時、凶党を平らぐべきの由、御願也、仍て神祇官并びに諸国神名帳を勘進《かんじん》し、載るところの明神《みょうじん》に位を勅授す。(中略)宣命《せんみょう》七十通、位記五十(五千カ)巻、諸国に官使を頒《わ》かち、これを献ぜらる。

天下諸神に一階を増すことが「天慶二年の東西逆乱」＝承平・天慶の乱平定のためであったこと、それが神祇官と諸国から勘進された「神名帳」に基づいて勅授されたことは明らかである。上島は「位記五十(五千カ)巻」とあることに注目に、これが『延喜式《えんぎしき》』神名帳記載の三一〇〇余座をはるかに超えていることなどから、これによって「古代の神名帳とは異なる新たな国内神名帳」が作成されたと評価し、次のように総括している。

古代の神名帳とは異なる新たな国内神名帳が、受領による国衙祭祀の根本台帳となり、後には国内で行われる諸法会で神勧請《かみかんじょう》を行うさいに奉読され、中世を通じて聴聞《ちょうもん》する人々に国内の神々の世界を知らせる役割をも果たした。

全体的な動向については、まさに上島のいうとおりであり付け加えることはないが、先ほどの二十二社制の時と同じように、このような中世的な「国内神名帳」成立の動向のなかに天満宮と石清水八幡宮も含まれていたことを改めて確認したいと思う。

「新皇」即位と八幡神・道真の霊

八幡神・道真の霊登場の背景

以上、将門の「新皇」即位の場面に八幡大菩薩と菅原道真の霊が登場する歴史的・宗教的背景について検討した。関東における道真信仰の流布については、その可能性については言及したもののまだ未確定な部分が多い。しかし、当該期の京中においては八幡神と道真の霊＝天神とがともに立ち現れてくる条件は十分整っていたということができよう。

天皇家・摂関家に対する怨霊として猛威を振るった道真の霊は、さまざまな託宣を垂れながら神格を上昇させ、ついには洛北北野に社殿を建立させることに成功した（北野天満宮）。その猛威が将門の乱とほぼ重なるように展開したことは、将門の乱の政治的危険性を平安京の人々に知らしめる条件として働いたことは間違いない。

しかし、関東における道真信仰は常陸国司として赴任した道真の子らによって流布され、大生郷天満宮の前身にあたるような社殿が造営された可能性はあるものの、その確実な証明は残念ながら行えなかった。

一方、石清水神宮の八幡大菩薩は九世紀中期に宇佐神宮から国家神として勧請され、その神威によって神格を上昇させたが、律令には規定されていない新興の神であったこともあって信仰の民衆的基盤が弱く、一人の尼が祠祭《しさい》する新宮に信仰を奪われるような状態であった。

そのような状況で起こったのがシダラ神事件である。民衆の政治批判という性格を付与された道真の怨霊を、まだ信仰の民衆的な基盤を獲得できていなかった石清水八幡宮が引き受け、道真の怨霊を慰撫《いぶ》することによって、自らの国家神・皇統神としての神格を上昇させるとともに、民衆的基盤をも拡大することに成功したのであった。

八幡神・道真の霊登場の意義

以上のように、京都においては道真の霊魂と八幡神がいっしょになって立ち現れる条件は十分に整っていたといえる。このような宗教的、政治的状況と将門の乱、そして、将門の「新皇」即位という貴族層にとって経験したことがない政治的危機を目の当たりにした『将門記』の作者に大きなインパクトを与え、「新皇」即位の場面に道真の霊魂と八幡神を登場させることになったのではないだろうか。また逆に、道真の霊魂と八幡神が「新皇」即位の場面に登場したことが、将門の「新皇」即位を現実的なこととして貴族層に認識させる働きをしたとも考えられる。

このような道真の霊魂と八幡神の動向と将門の乱を契機に、二十二社体制と中世的な「国内神名帳」に代表される中世的宗教秩序が形成されたことは上島がいうとおりである。「新皇」即位の場面における八幡神・道真の霊魂の登場は、上記のような中世的な宗教秩序形成に大きな影響を与えるとともに、その変化を象徴するできごとであったということができよう。

「新皇」即位と王土王民思想

九世紀後半・一〇世紀前半の王権の揺らぎ

いよいよ平将門《まさかど》が「新皇」を称したことの歴史的意義について検討することになったが、その前に「新皇」即位の日本史上の意義について確認しておこう。

「新皇」即位の意義

周知のように、日本の古代・中世史において皇統や王権をめぐる対立や紛争はそれほど多くない。古くは継体《けいたい》天皇（大王）をめぐる皇統継承問題もあるが、明確な事件としては、天武元年（六七二）に天智《てんじ》天皇の後継をめぐって弟の大海人《おおあま》皇子と子の大友皇子が争った壬申《じんしん》の乱をあげることができよう。

その後、奈良時代末期の道鏡《どうきょう》事件を契機とした天武皇統から天智皇統への移行や平清盛による後白河《ごしらかわ》法皇の幽閉問題などがあるが、それらを除けば、北朝と南朝に分かれて戦った南北朝の内乱くらいであろう。

このように、皇統や王権をめぐる対立や事件はそれなりにあるとしても、皇統が分裂し併存したのは将門が「新皇」を名乗ったことと、南北朝内乱しかないのである。これからだけでも、将門の「新皇」宣言が日本史上の大問題であったことが理解できよう。この点をまず確認したうえで、最初に将門が「新皇」を宣言するに至る国内の政治的・思想的状況について、簡単に整理しておきたい。

政治体制の動揺

この時期の皇統に関する事件としてまずあげなければならないのは、陽成《ようぜい》天皇の宮中における殺人事件によって、藤原良房によって推し進められた文徳《もんとく》―清和《せいわ》―陽成皇統が中断して、仁明《にんみょう》天皇の子で文徳の弟の光孝《こうこう》天皇が即位したことであろう。これによって三代続いた文徳皇統は途切れた（木村一九九六）。光孝を継いだ宇多《うだ》天皇は菅原道真《すがわらのみちざね》を蔵人頭《くろうどのとう》や右大臣に登用するなどして、藤原北家の藤原基経・時平を押さえつつ政治を行ったが、基経の抵抗（阿衡《あこう》事件）や時平の反発にあって、宇多退位後、延喜元年（九〇一）道真が大宰府《だざいふ》に左遷されたことは前述した。また、この年、文人貴族三善清行《みよしきよゆき》は中国の讖緯《しんい》説（未来予言思想）に基づいて辛酉《しんゆう》の年（干支で辛酉に当たる年）には大変革＝革命が起こるとして改元を提唱し、実際「昌泰《しょうたい》」から「延喜」へと改元された（「革命勘文」〈『古代政治社会思想』岩波書店〉、『群書類従』第二六輯・

雑部)。

道真を左遷して権力を掌握した時平は延喜二年に延喜荘園整理令を発布して支配体制の再編を図った。それは戸籍・計帳《けいちょう》に基づく律令制的人身支配を放棄してすべての耕地を「公田《こうでん》」として編成し、それを田堵《たと》らに請け負わせるというもので、公田=土地支配に基盤を置く国家体制への大きな転換であった。このようにしてできあがった国家体制を王朝国家体制と呼んでいる(坂本一九七二)。

しかし、政治的陰謀によって非業《ひごう》の死を遂げた道真に対する人々の心情と時平の専制に対する不満は道真の霊を「怨霊《おんりょう》」に仕立て上げ、すでに述べたように、延喜九年の時平の死、延長元年(九二三)の保明《やすあきら》親王の死、同八年の宮中清涼殿《せいりょうでん》への落雷による多数の公卿の死傷、そして、この事件にショックを受けた同年の醍醐《だいご》天皇の死もすべて道真の怨霊の祟《たた》りだ、と理解した。京中とくに貴族社会のなかではまさに道真の怨霊の嵐が吹き荒れていたのである。

以上が、九世紀後半から一〇世紀前半にかけての政治権力・王権をめぐる政治史的・思想的状況であった。陽成から光孝への移行、宇多と基経との確執、道真の左遷と時平の専制、時平・醍醐の死と道真の怨霊など政治体制も安定しなかったが、それは王権も同じであって、醍醐天皇が臣下道真の怨霊によって死亡するという事態まで起こっていたのである。政治体制および王権が大きく揺らいでいたということができよう。

対外的緊張と動揺

国家の揺らぎは対外関係にも現れた。それは新羅《しらぎ》との外交関係の悪化と遣唐使の中止に象徴的に現れている。すでによく知られた事実だが、簡単に整理しておこう。

承和の遣唐使派遣（承和五年〈八三八〉～同六年〈三九〉）に先立って、遣唐使船の漂着などに対応するための事前交渉を行うために紀三津《きのみつ》が新羅に遣わされた。ところが三津は交渉に際して「専《もっぱ》ら通交のため」と持参した太政官符とは違った説明をしたため、偽使《ぎし》と間違われて帰国するはめになってしまった。そして、それだけではなく、三津が持ち帰った「新羅執事《しつじ》省牒《しょうちょう》」には

> 小人《しょうにん》（紀三津）の荒迫《こうはく》の罪を恕《ゆる》し、大国（新羅）の寛弘《かんこう》の理《ことわり》を申す。

と書かれてあった（『続日本後紀』承和三年一二月三日条）。

すなわち、「『大国』である新羅は『小人』である（日本の使者）紀三津の罪を広い心をもって許しましょう」というのである。これは、自らを「東夷《とうい》の小帝国」とし、新羅を「諸蕃」＝朝貢国として位置付けてきたこれまでの日本の認識をまったく逆転させるものであり、日本の伝統的な対外認識を大きく動揺させるものであった。

これを契機に日本と新羅との関係は悪化した。承和七年以降には新羅の実力者張宝高《ちょうほうこう》

との交易をめぐって、新羅の政争に日本が巻き込まれそうになる事件も起きた。そして、関係悪化の象徴的な事件が貞観一一年（八六九）に起きた新羅海賊船襲撃事件である。同年五月二二日の夜、突然二艘の新羅海賊船が博多津《はかたつ》に侵入し、豊後国の年貢を積んだ船を襲い絹綿を略奪するという事件が起きた。朝廷の衝撃は大きく、その反応は

ただ官物を亡失《ぼうしつ》するに非ず。兼ねてまた国威を損辱《そんじょく》すること、これを往古に求むるにいまだ前聞《ぜんもん》あらず。後来に貽《のこ》すにまさに面目なかるべし。

というものであった（『日本三代実録』同年七月二日条）。

ここからもわかるように、当時の支配層にとっては官物を奪われたことよりも、これによって国威の「損辱（損《そこ》ない辱《はずかし》め）」を受けたことが問題なのであった。そして、「このようなことは前例がないし、後世に残しては面目がない」というのである。紀三津事件以来続く日本の伝統的な対外認識の大きな動揺をみてとれよう。

このような危機に対して朝廷が採用したのが神国意識である。海賊船襲撃事件後、朝廷は伊勢神宮と石清水八幡宮に奉幣《ほうへい》し「告文《こうもん》」（神に告げ奉る文）を捧げてその鎮護を祈願しているが、その告文には

しかれば我が日本朝は所謂《いわゆる》神明《しんめい》の国なり。神明の助け護りを賜《たまわ》らば、何の兵寇《へいこう》か近来すべき。

と記されていた（『日本三代実録』貞観一一年一二月一四日・二九日条）。「日本は神明の国＝神国だから外国からの武力による侵略は起きないのだ」という、まさに神国思想を採用するに至ったのである。詳細は述べないが、この独善的な神国思想が排外主義をもたらすことはいうまでもないであろう。そしてこの時、「三韓《さんかん》を征伐」したという神話をもつ神功《じんぐう》皇后を祀る香椎廟《かしいびょう》（図30）や箱崎宮《はこざきぐう》にも奉幣が行われることによって、「三韓征伐」の神話が現出されたことも注目される（以上、石上一九八四、木村一九九七）。

図30　香椎廟（福岡市東区）

　このようにして、日本は孤立的・排外主義的な外交政策に大きく転換することになったのである。そして、この延長線上に寛平六年（八九四）の菅原道真の建言による遣唐使の中止があることはいうまでもない。

　承和の遣唐使（承和五年〜六年）以来約半世紀以上にわたって遣唐使の派遣がなかったのだ

から、遣唐使の中止そのものに大きな歴史的意味があるわけではないが、これを契機に、遣隋使以来の対外関係を転換して、東アジア諸国との正式な国交を中断するという政策に方向転換したことは重要である。ただ、この転換が民間の交易や交流をまったく妨げるものではなかったことは、これまでの研究が明らかにしているとおりである。

以上のように、九世紀後半から末期にかけて王権のあり方と密接に関係する外交政策もまた大きく変化したことは明らかである。古代律令制国家は「東夷の小帝国」というやや独善的なスタンスではあったものの、アジア諸国との間では「開かれた外交」を保っていたが、この時期に至って「閉鎖的な外交」へと変化したのである。大げさにいえば「孤立した王権」の道を歩み始めたといえよう。

王権認識の動揺

王権の揺らぎは思想の面でも確認できる。それは菅原道真を左遷した張本である醍醐天皇が死後地獄に落ち、罪にさいなまれているという考えの存在である（醍醐帝堕地獄説《だいごていだじごくせつ》）。このような考えが最初に明記されたのは『道賢上《どうけんしょう》人冥途記《にんめいどき》』である（『扶桑略記《ふそうりゃくき》』天慶四年三月条。真壁一九七八、竹内一九九三、河音二〇〇三など）。

『道賢上人冥途記』は、醍醐帝堕地獄説話を背景にした天神信仰成立の教学的基盤と位置付けられる書物であるが、その詳細については次章の「『冥界消息』と蘇生譚の世界」

で検討することにして、ここでは「王権の揺らぎ」との関係に限って取り上げることにしたい。

この『冥途記』は、僧道賢が金峯山《きんぷせん》（現奈良県吉野町）で無言断食の修行中の天慶四年（九四一）に仮死状態に陥いり冥界《めいかい》に堕ちたが、一三日目に蘇生して冥界で「経験」した話をまとめたものである。前半は「日本太政《だじょう》大威徳天《だいいとくてん》」と名乗る菅原道真に会って彼から聞いた話であり、後半が地獄に堕ちた醍醐天皇の様子と彼のいい分についての話からなっている。

周知のように、前半は道真の霊が怨霊から天神へと昇化する根拠になる話であるが、問題は後半である。地獄に堕ちた醍醐天皇は、「鉄窟苦所《てつくつくしょ》」で罪苦を受け真っ赤に焼けた鉄灰の上で炭のように黒焦げになりながら、「道真を左遷して国土に災難をもたらした責任は私にあり、そのためこのような苦を受けているのだ」と語り、「我が身の辛苦を救済するよう朱雀《すざく》天皇に奏上せよ」と道賢に託したというのである。醍醐天皇が道真左遷の罪を受けて地獄で苦しむと同時にその救済を求めているという筋立てである。

この醍醐帝堕地獄説話について、天神信仰の思想的・宗教的意義を一貫して追究した河音能平は、「古代天皇制・中世天皇制は自らの支配を正統化する根拠を七世紀後半以来天《あま》照大神《てらすおおみかみ》の子孫であるといういわば神血《しんけつ》観念（貴種観念＝血筋・家柄の貴賤に基づく考え

図31　火炎に苦しむ堕地獄後の醍醐天皇（六巻本『北野天神縁起』巻4より，宮内庁三の丸尚蔵館所蔵）

方）とも呼ぶべきものにおいてきた。したがって天皇や院＝治天《ちてん》の君《きみ》は原則として地獄に堕ちることはあり得なかった」とし、その「例外の一つとして」この堕地獄説話を評価しているが、正鵠《せいこく》を射ているといえよう。

この考えは、『冥途記』にとどまらず、これを元に製作された多数の「天神縁起《てんじんえんぎ》（絵巻）」に採用されて行く（図31）。その典型が、醍醐天皇の堕地獄の様相を詳細に描いたメトロポリタン美術館本『天神縁起絵巻』であった。ここには火炎に苦しむ堕地獄後の醍醐天皇が鮮明に描かれている。これも河音が注目した事実である（河音一九八九）。

なお、この『冥途記』の作成時期は一〇

世紀中期から第三四半期と考えられている から（真壁一九七八）、醍醐天皇が死亡した 延長八年からそれほど時間を経ていない時 期に、このような考え方がすでに醸成され ていたことは注目しなければならない。河 音がいうように、天皇が地獄に堕ちるとい う認識は、それまでの聖なる絶対的な存在 として「継承」し続けてきた天皇観を大きく揺るがし、天皇の権威とその「継承」を相対化しようとする認識であったといえよう。

このような認識の成立こそ当該期の「王権の揺らぎ」を象徴的に表現しているということができよう。

「新皇」即位と天命思想・皇統意識

このような九世紀後半から一〇世紀前半の国家・王権の揺らぎを東アジア全体の対外的緊張と影響から説き起こし、その対応のなかに中世王権の成立を考えようとしているのが上島享である（上島二〇一〇）。

「新皇」即位の根拠

上島は、まず日本の古代国家が規範としてきた唐帝国の衰退と滅亡（九〇七年）が日本の国家・王権のあり方を問い直す契機となったと評価する。さらに、『将門記《しょうもんき》』に記載されている天慶二年（九三九）一二月、「新皇」即位後に弟の将平らの諫言《かんげん》に対して発した「勅」のなかで、将門が延長四年（九二六）正月、耶律阿保機《やりつあぼき》が渤海《ぼっかい》国を滅ぼし東丹《とうたん》国に改称した事実を「新皇」即位の根拠としていることに注目する。そして、東丹国の成立の情報は、延長八年（九三〇）に丹後半島に来着した東丹国の使者が朝廷に伝えているから

（『扶桑略記』延長八年四月一日）、当時の貴族社会には知られた情報であり、貴族層に大きな危機感が広がっていたと想定する。その意味では、将門が「新皇」即位の根拠として耶律阿保機の例を述べていることは貴族層にとって現実的な危機として認識されたのである。

さらに将門は、「新皇」即位直後に主と仰ぐ藤原忠平へ宛てた書状で、「昔、兵威《へいい》を振ひて天下を取る者、皆史書に見る所なり。将門、天の与へたる所すでに武芸にあり」と宣言した。この書状は『扶桑略記』にも収録されており、当時の確かな史料として考えられるから、先の「勅」の内容と相俟《あいま》って、将門が中国の易姓《えきせい》革命の論理（天命思想《てんめいしそう》＝天子は天命を受けて天下を治めるが、もしその家〈姓〉に不徳の者が出れば別の有徳者が天命を受けて新しい王朝を開くという思想）によって自らの反乱と「新皇」就任を正当化していることは明らかだと評価する。

そして、この文章の直前には「将門は已に柏原《かしわばら》帝王（桓武天皇）の五代の孫なり。縦《たと》ひ永く半国を領せるも、豈《あに》非運と謂《い》はんや」と主張する一文があることにも注目し、皇統の論理もまた「新皇」即位正統化の根拠であったと評価する。すなわち、上島は、将門の「新皇」宣言は皇統の論理と天命思想とによって正当化されたと評価するのである。

図32　現代の天壇（中国北京）

桓武天皇の天命思想

上島のこのような指摘を受けた時、将門が皇統の論理の源とした桓武《かんむ》天皇もまた天命思想を権力掌握の根拠としていたことを注目したい。桓武は長岡京へ遷都した翌延暦四年（七八五）、長岡京南の河内国交野《かたの》で「宿禱《しゆくとう》を賽《つぐな》う」（祈願成就のお礼）ために天神を祀ったことはよく知られている（『続日本紀』延暦四年一一月一〇日条）。これは中国の皇帝が冬至の日に都の郊外に設けた天壇《てんだん》で天帝《てんてい》を祀る郊祀祭天の儀（郊《こう》祀《し》）にならった儀式であった（図32）。そして、桓武の場合も単に天帝を祀るだけでなく王朝の始祖も合わせて祀る儀式であったことは、二年後に行った郊祀では父の光仁《こうにん》天皇を祀っていることからも知られる（『続日本紀』延暦六年一一月五日条）。

桓武も天命思想と皇統の論理とを採用していたのであった。将門が桓武の「五代の孫」と主張したのは（『将門記』の作者が将門にそう主張させたのは、というべきであろうが）、桓武が上記のような性格をもった天皇であったことを前提にしていたからとも考えられよう。また、桓武が即位した天応元年（七八一）は「辛酉」の年で、元旦には改元（宝亀から天応）されたが、この日も「辛酉」の日であった。周知のように中国の革命思想では辛酉年には天命が革《あらた》まって王朝が交代すると考えられていたから、光仁天皇から桓武への交代はまさに革命（天命）思想に依拠して挙行されたということができる。

このように、将門の「新皇」即位は、それまでの天皇が皇統の論理だけを根拠にその位を継承してきたのに対して、明らかにそれとは異なった天命思想をも根拠にしていたのであった。これは皇統の分裂という次元にとどまらず、これまでの皇統継承の論理と根拠まで破壊する危険性をもっていたということができよう。

「新皇」即位と王土王民思想

平将門追討官符以前の対応

九世紀後半から一〇世紀前半にかけて、王権の揺らぎはさまざまな側面で醸成されていた。そのようななかで将門の乱が起こり、将門が天命思想と皇統意識を根拠に「新皇」を宣言したのである。王権の揺らぎは決定的になった。支配層の危機感は並大抵のものでなかったであろうことは十分想像できる。

そのような危機に対応するため、朝廷が取った積極策が天慶三年（九四〇）正月一一日の太政官符の発布である（『本朝文粋《ほんちょうもんずい》』巻第二、『扶桑略記』同年月日条）。この官符は、後に詳しく検討するが、王土王民《おうどおうみん》思想に基づいて、武士や民衆に対し将門追討に参加することを要請するものであった。

この官符の意義を明確にするためにも、将門の乱に対する官符発布以前の朝廷の対応について簡単にみておこう。

将門の反乱の情報が京都に最初にもたらされたのは天慶二年三月のことで、武蔵国から逃げ帰った源経基が「武蔵権守興世《おきよ》王并に平将門謀叛のことあり」と言上したのがそれである（『本朝世紀《ほんちょうせいき》』同年三月三日条）。急を聞いた朝廷は、その後大きく分けて二つの対策を採っている。一つは乱鎮圧のための諸社への祈禱《きとう》命令で、もう一つは東国の治安維持である。

まず、諸社への要請では、経基の言上の翌日「坂東兵革《へいかく》の事」を諸社に祈らせ、九日には一一社に祈禱させ、延暦寺で二壇法《にだんほう》を始めている。また、六月一日には法琳寺《ほうりんじ》において太元帥法《たいげんのほう》（天皇の安穏、国家鎮護を祈る密教の修法）を始め（『貞信公記抄』）、一二月一九日には諸寺で三日間仁王経《にんのうきょう》（鎮護国家を祈る経典）を読経することを命じるなど（同書）、諸社寺への兵乱鎮圧のための祈禱や読経の命令が一貫して行われた。

一方、治安維持に関しては、五月一六日に「東国の介《すけ》已下」が任命され（『本朝世紀』）、翌日には上総介であった百済王貞連《くだらのこにきしさだつら》を武蔵守に任命している（『類聚符宣抄《るいじゅうふせんしょう》』巻八）。百済王貞連の任符に「件の人交替未《いま》だ終わらずして、武蔵守に任ず。宜しく本任の放還《ほうかん》を待たず、任符に請印《しょういん》すべし」とあるように、国司の交替手続きも終わらない前の緊急の対応であったことがうかがえる。さらに問《もん》武蔵国密告使《みっこくし》を手始めに、押領使《おうりょうし》・推問使《すいもんし》

（問東国密告使）などが次々と任命され（『貞信公記抄』など）、治安維持と情報収集の体制が強化されている。

以上のように、朝廷は将門の乱という緊急事態に対応するため矢継ぎ早にさまざまな対策を取っていることは明らかだが、諸寺社への読経・祈禱の要請といい密告使や推問使の任命といい、その対策は軍事力をもって反乱を鎮圧するような強硬な対策でなかったことは明らかであろう。あえていえば、まだ「神仏頼み」をしつつ情報を収集する段階であった。

将門追討官符の発布

しかし、天慶三年正月からその対応は一変し、強硬策が採用される。まず、正月六日に「五畿七道の各社」に乱平定の祈禱に対して神位一階を授けることが命じられた。まさに緊急事態への積極的な対応といえよう。また、同じく伊勢神宮にも奉幣しているが、これは、その日が「宮中穢《けがれ》」であったため、奉幣使派遣の式が「左衛門陣の外」で行われ、さらに「御幣《みてぐら》無し」という異例の形式で行われている（『貞信公記抄』、『師守記』貞和三年一二月一七日条）。朝廷がいかに危機感を募らせていたかがわかろう。

このような状況を受けて、東海・東山道の諸国司宛に発布されたのが上記の天慶三年正月一一日付けの将門追討の太政官符である。

官符はまず、「平将門、積悪弥《いよ》いよ長く、宿暴暗《ひそ》かに成る。猥《みだ》りに烏合の群を招き、只狼戻《ろうれい》の事を宗とす。国宰を冤《うら》みて印鎰を奪ひ、県邑を領して抄掠を事とす」と平将門の反乱行為を指摘した後、「開闢《かいびやく》以来、本朝の間、叛逆の甚だしきこと、いまだこの比《ひ》にあらず」と将門の乱の重大さを指弾する。そして、その重大さゆえに「皇天《こうてん》自ら天誅《てんちゆう》を施《ほどこ》すべし、神明《しんめい》なんぞ神兵《しんぺい》を秘《かく》すことあらんや」と、将門を討つことが「皇天」＝天帝や「神明」＝神の意志であることを確認したうえで、次のように主張する。

抑《そもそ》も一天下の下、寧《いずく》んぞ王土に非《あら》ざらん。九州の内、誰か公民に非ざらん。官軍黠《かつ》虜《りよ》の間、豈《あ》に憂国《ゆうこく》の士無からんや。田夫野叟《でんふやそう》の中、豈に忘身の民無からんや。

「天下の下」は「王土」であり、「九州」（日本全土の意）の内に住む者はすべて「公民」なのだから、官軍が平定に苦慮している時に、「憂国の士」や「田夫野叟」（庶民の意）までもが将門討滅に決起するのは当然であると命じている。明らかに王土王民思想に基づいた動員命令といえよう。

これまでの研究は、勅を奉じて左大臣藤原仲平が宣した

もし魁師《かいすい》を殺さん者は募るに朱紫《しゆし》の品を以てし、賜ふは田地の賞を以てし、永く子孫に及びこれを不朽に伝えん。また次将を斬らん者はその勲功に随ひて官爵《かんしやく》を賜はんとす。

という文言。すなわち、「魁師」＝首領を殺害した者には「朱紫の品」＝高位高官で処遇し「田地」を与えよう、次将を殺害した者にはその勲功に従って官位や爵位を授けよう、という文言に着目し、それに基づいて平貞盛《さだもり》や藤原秀郷《ひでさと》が追討に参加し、その後、勲功の賞を受けて武士として発展する地位を獲得したことに注目している。

もちろん、このような評価がこれから後の武士論、武士成立史研究にとって重要であることは間違いないが、将門の乱の本質的な意義を解明しようとする本書にとっては、勅のなかで「皇天」や「神明」の意志まで持ち出して王土王民思想が発現されていることに注目したいと思う。なぜなら、プロローグでも簡単に指摘したが、これまでの研究によれば、朝廷が明確な形で王土王民思想を発現したのは、この時以外では延喜荘園整理令と保元荘園整理令だけだからである。これからだけでも、王土王民思想が発現されるのは重要な政治的変革期であったことが理解できよう（河音一九七六、村井一九九五）。

延喜新制・保元新制の王土王民思想

将門の乱に際して発せられた王土王民思想の特徴を理解するためにも、他の二度の王土王民思想の内容について確認しておきたい。

前者は、荘園整理令九通が発布された一ヵ月後の延喜二年（九〇二）四月一一日に出された太政官符であるが（『類聚三代格《るいじゅうさんだいきゃく》』巻二〇）、さまざまな理由を付けて国家的な公役に携わっていない「色々人等」を「進官・留国《りゅうこく》の雑役に差使《さし》」することを命じたものである。延喜荘園整理令は新立の荘園の停止を意図したものだが、その根本の狙いは国衙の支配に従わない富豪層と院宮王臣家《いんぐうおうしんけ》との結託を阻止することにあったから、それを徹底する目的で発布された官符であったといえよう（木村一九七五）。

官符は六衛府舎人《ろくえふのとねり》などの身分を根拠に「進官・留国の雑役」に従わない状況を詳しく説明した後に、次のように記されていた。

竊《ひそ》かに貞観以来の諸国の例を検するに、此《かく》の如き輩を以て進官・留国の雑役に差使すべきの状、国の言わざる無く、随即《ずいそく》に聴許《ちょうきょ》を被《こうむ》る有り。是れ則ち事已《や》むを得ず、官物を済まさんが為なり。夫《そ》れ普天の下、王土に非ざるは無し。率土の民、何ぞ公役《くやく》を拒まん。

「天の下の国土はすべて王土である。したがってそこに住む民はすべて王民なのだから、「公役」＝国家が賦課する課役を拒むことはできない」というのである。国家体制の転換にあたって、それを実現するための強い国家意思が発現されているということができよう。

また、後者は、『愚管抄《ぐかんしょう》』の筆者慈円《じえん》が「保元元年七月二日鳥羽院ウセ（失）サセ給テ後、日本国ノ乱逆ト云コト（言葉）ハヲコリ（起）テ後、ムサ（武者）ノ世ニナリニケルナリ」と評したように、時代の大きな転換点となった保元の乱の三ヵ月後に後白河天皇が発した七ヵ条の新制の第一条である（『兵範記《ひょうはんき》』保元元年閏九月一八日条）。それは、後白河が即位した久寿二年（一一五五）七月二四日以後に宣旨による承認のないままに立てられた荘園はすべて停止することを命じたもので、いわゆる保元荘園整理令の骨格をなす条文である。そこには次のように記されていた。

一、諸国司に下知し、且《か》つうは停止に従ひ、且つうは状を録して言上せしむべき、神社・仏寺・院宮・諸家の新立荘園の事

仰す、九州の地は一人の有なり。王命の外、なんぞ私威を施さん。而るに聞くならく、近年、或いは国判を語り取り、或いは公験《くげん》を伝うると称し、官奏《かんそう》を経ずして恣《ほしいまま》に荘園を立つ。之を朝章《ちょうしょう》に論ずるに理、然るべからず。（以後、「久寿二年七月二四日以後、宣旨を帯せず……」と続く）

やや表現は異なるが、保元新制の第一条のそれも最初に「九州の地は一人の有なり。王命の外、なんぞ私威を施さん」と王土王民思想が高らかに宣言されている。なおかつ荘園整理の基準を自分が即位した久寿二年においていることにみられるように、これは後白河の政権担当者としての強い意志が感じられる文章である。

以上の二例が、将門の乱以外で発現された王土王民思想の内容である。ともに時代の転換にあたって、朝廷や院の強い意志に基づいて発現されていたことが理解できよう。これらとともに、将門の乱においても王土王民思想が発現されていることは、京都の貴族層が

将門の乱を時代の転換を示す重要な事件として認識していたことを示している。前二者はどちらかというと土地制度を軸とした支配体制の転換・強化が目的であったのに対して、将門の乱の場合はまさに国家の体制を揺るがすような政治的・軍事的な危機であったということができよう。

将門追討官符の意義

将門追討官符にみられた王土王民思想が、国家や王権に関わる重要な政治的課題に対して発現されていたことは確認できたであろう。改めて確認するまでもなく、将門の乱はまさにその「国家や王権に関わる重要な政治的」事件であったのである。

ところで、将門追討官符に発現されていた王土王民思想の意義を明確にするため、もう少し細かく検討してみたい。そこで注目したいのが王土王民思想発現の根拠である。なにを根拠に王土王民思想が導き出されているかである。

まず、延喜新制と保元新制における王土王民思想発現の根拠を探してみると、延喜の場合は「貞観以来の諸国の例」であり、保元の場合は「朝章に論ずるに」とあるように我が国の法令であった。「国例」といい「朝章」といい、我が国のこれまでの法令や制度を根拠として王土王民思想が発現されたといえる。

それに対して将門の乱の場合は、「皇天自ら天誅を施すべし、神明なんぞ神兵を秘すことあらんや」とあったように、「皇天」＝天を主宰する神（天帝）と「神明」＝超自然的な神の意志に基づいて王土王民思想が発現されていたことがわかる。とくに、「皇天」と「神明」が単なる根拠として設定されているのではなく、「皇天が自ら」将門に「天誅」を下し、「神明が神兵を隠さずに派遣して」将門を討つ、と、「皇天」と「神明」の主体的な行動を前提にしていることは注目したい。

このように、将門追討官符の王土王民思想発現の根拠に「皇天」と「神明」の強い意志が存在するとするならば、将門が討たれた時に『将門記』が

時に、現に天罰《てんばつ》ありて、馬は風飛の歩みを忘れ、人は梨老《りろう》の術を失へり。新皇は暗に神鏑《しんてき》に中《あた》りて、終に託鹿《たくろく》の野に戦ひて、独り蚩尤《しゆう》の地に滅しぬ。

と記していることも注目される。後半部だけを訳すと、「新皇」（将門）ははからずも神の射た矢にあたって、中国の黄帝が「託（涿）鹿」の野で蚩尤を打ち負かしたように、将門もこの地で滅亡した」となる。

もちろん、「天罰」と「神鏑」とは文章の装飾上よく使われる語句なのでそのまま理解することはできないが、追討官符の表現とならべてみると単なる文章上の表現ともいい切れないように思われる。将門はまさに「皇天の罰」と「神明の鏑」矢によって討たれたのであった（図33）。

図33　神鏑に討たれた将門（『平将門一代図会』巻4より，船橋市西図書館所蔵）

このように、同じく王土王民思想でありながら、その発現の根拠はそれぞれ異なっていることだけでなく、将門の乱の場合は「皇天」と「神明」の強い意志、すなわち天帝と神の意志に基づくものであったことを確認する必要がある。「国例」や「朝章」に比べると具体性のない観念的な根拠であるように思えるが、それだけに現実の国家の意志を超えたより高度な見地から発現された王土王民思想であったということができよう。

安易な比較は慎まなければならないが、これらに拠る限り、将門の乱における王土王民思想の方が、他の二者に比べてより強い、王権を超越した絶対的な意志に基づいて発現されたものであったということができるのではないだろうか。ここに、将門の乱に対する朝廷およびそれを支えている貴族層の強い危機感が表現されていると考えることができよう。まさに将門の乱は王権を覆《くつがえ》すような重大な危機であったのである。

「朱雀院平賊後被修法会願文」の王土王民思想

ところで、平将門の乱と藤原純友《すみとも》の乱が収束した天慶一〇年にも王土王民思想が発現されていた。それは、朱雀院《すざく》が延暦寺講堂で「東西凶乱」における戦死者を供養するために催した法会の際で（『日本紀略《にほんきりゃく》』天暦元年〈天慶一〇〉三月二八日条）、その法会の供養願文「朱雀院の賊を平《たいら》げて後《のち》法会を修せらるる願文」にも王土王民思想が発現されていたのである（『本朝文粋』巻一三・願文上）。将門追討官符が出されてからわずか七年後ではあるが、その使用のされ方はそれまでとは大きく異なっているので若干検討してみることにしたい。

願文の内容は以下のようである。まず、朱雀院が自分が幼くして皇位に就いたことによる不徳について述べた後、

東山に命《めい》を捍《こば》む徒《ともがら》、陣雲《ちんうん》慢《はびこ》り起こり、南海に常《じょう》を乱る族《やから》、逆浪《げきろう》閑《しず》かならず。遂に征伐を議して師《いくさ》を出《いだ》し、更に滅亡を愍《あわれ》みて罪に泣く。

と記している。すなわち、「東山」と「南海」に将門の乱と純友の乱が起ったので、鎮圧のため「師」＝追討軍を派遣して両乱を「征伐」することができたが、将門や純友らは地獄で苦しんでいるに違いない、というのである。

そこで仏教の力を借りてすべての世界の衆生を救うために、「尊像《そんぞう》」を描き「宝典《ほうてん》」を

書写して供養したいと思う、と法会開催の趣旨を述べた後、次のような文章が続いていることが注目される。

官軍に在りといへども、逆党《ぎやくとう》に在りといへども、既《すで》に率土《そつと》と云ふ、誰か王民に非ざらん。勝利を怨親《えんしん》に混《こん》じて、以て抜済《ばつさい》を平等に頒《わか》たんと欲《おも》ふ。

ここに記された「率土」とは、『詩経《しきよう》』（中国最古の漢詩文集）に「率土の浜、王臣にあらざるなし」とあるように王が治める土地の意味であるから、「既に率土と云ふ、誰か王民に非ざらん」という文章が王土王民思想の発現であることは明らかである。そのうえで朱雀院は、「官軍であっても謀反を起こした逆賊であっても、「率土」に住む人々はみな「王民」なのだから、優れた利益を敵味方の区別なく与え、苦しみからの救済を平等に分け与えたいと思う」というのである。

ここに現れている王土王民思想は、将門の追討官符や延喜・保元の新制で用いられた王土王民思想とはそうとう異なっている。追討官符では「王土」に住む「王民」なのだから「憂国の士」だけでなく「田夫野叟」（庶民の意）まで将門を討滅するために決起すべきであると、人民を動員＝使役する根拠として使用されていたが、この天慶一〇年の供養願文では、官軍であっても逆賊であってもみな「率土」に住む「王民」なのだから、平等に救済されなければならないという救済の根拠として使用されている。

さらに、このような平等な救済を主張する根拠として

いはんや隋の高祖《こうそ》の仁祠《にんし》を建てし、戦場を頗梨《はり》の閣《かく》に変じ、唐の太宗《たいそう》の斎会《さいえ》を設けし、亡卒《もうそつ》を菩提の門に迎ふ。今に在りて古《いにしえ》を尋ぬるに、世異《こと》に趣《おもむき》同じ。

（現代語訳：隋の高宗は戦地で死んだ兵士のために寺〈仁祠・頗梨の閣〉を建て、唐の太宗は僧を招いて仏事を行って死んだ兵士の菩提を弔ったという。時代は異なってもその趣旨は同じである。）

と、中国隋の高祖や唐の太宗が死亡した兵士たちを供養し救済した事績を引用していることも注目される。

天慶三年の将門追討官符で、朱雀天皇は王土王民思想に基づいて人民の露《あら》わな動員を企図していたのに対して、この場合は中国皇帝の兵士供養・救済の事績に倣《なら》って、いいかえれば自らを高祖や太宗になぞらえつつ、王土王民思想によって戦死者の救済を実施しようとしたということができよう。

単純な比較は慎まなければならないが、前者は延喜や保元の荘園整理令と同じ論理に基づく日本的な王土王民思想であり、後者は（朱雀や知識層がそうだと考えた）中国的な王土王民思想であるということができるかもしれない。

それはそれとして、将門が中国の天命思想を根拠に「新皇」に就こうとしたのに対して、

朱雀も中国皇帝の事績に倣って承平・天慶の乱で戦死した兵士たちを供養し救済しようしたことは、中国の歴史に対する当時の支配者・知識人の政治意識状況を反映しており、興味深い事実であると考える。

それにしても、わずか七年のあいだに、まったく真逆の意味をもつ王土王民思想が発現されていることは注目に値する。本節の論旨に引きつけて評価するならば、二度にわたって王土王民思想を発現させた将門の「新皇」即位を中核とする承平・天慶の乱が、当時の政治・思想状況に与えた衝撃の大きさを如実に示しているといえよう。

源頼朝追討官符の王土王民思想

実は、これまで注目されてこなかったが、将門の乱のような軍事的・国家的な危機に際して王土王民思想が発現された事件がもう一つある。それは源頼朝の挙兵である（図34）。『吉記《きっき》』治承四年（一一八〇）一一月八日条には一一月七日付けの源頼朝「追討宣旨」が記されている。実は、そこにも王土王民思想が発現されていた。

『吉記』は八日が「復日《ふくにち》」（陰陽道で忌む日）であったため七日の日付にしたという理由が記されているが、その内容は以下のとおりである。

まず、「伊豆国流人源頼朝、野心を早挟し、朝威《ちょうい》を軽忽《けいこつ》して、人民を劫略《ごうりゃく》し、州県を抄掠《しょうりゃく》す」と始まり、甲斐国の源義信が「雷同」していることを指摘したうえ、「その凶

図34　源頼朝坐像（甲府市・善光寺所蔵）

党を払うために」追討使を派遣するので、「東海東山北陸等道、強弱を論ぜず、老少を謂わず、表裏に力を勠《あわ》せて逆賊を討」つことを命じている。とりわけ、「美濃国勇武伝家の者、弓馬長芸の輩」に期待しているのが注目されるが、それに続いて

率土《そつと》は皆皇民也、普天は悉《ことごと》く王の者也、絲《し》綸《りん》の旨誰か随順せざらんや。（中略）事に臨み功を立つ者は、其の勤節を馬汗に量りて、以て不翅の鴻賞を賜わん、

と記されていたのである。「率土はみな皇民なり。普天は悉く王のものなり。絲綸（天皇の命令）の旨誰か随順せざらんや」というのであるから、先に紹介した三例に比べるとやや文章が整っていない部分や文意の取りにくい部分もあるが、王土王民思想の発現であることは間違いないであろう。

そして、その発現に基づいて、「事に臨み功を立つ者は、その勤節を馬汗に量りて、以て不翅の鴻賞を賜わん」とあるように、「功を立つ」＝勲功や「勤節」を尽くした者は「馬汗」＝努力の度合いを量って「不翅の鴻賞」＝限りない大きな賞を与えることを約束し、多くの武士団が頼朝追討に参加することを促していることは明らかであろう。

ここにみられる王土王民思想に基づいた軍勢動員と勲功の約束という構図は、先に検討した将門追討官符のそれとまったく同じである。というより、頼朝追討官符は将門追討官符を踏襲して発布されたのではないかと思いたくなる。プロローグで、頼朝の挙兵を聞いた九条兼実が「宛《あたか》も将門の如し」と評価したことを紹介したが、この官符にもその認識が反映されていたのではないだろうか。

ともあれ、頼朝追討官符にも王土王民思想が発現されており、その構図が将門追討官符を踏襲している可能性があることがわかった。ということは、当時の支配者層は、具体的な鎮圧策は別として、観念のうえでは将門の乱に準じて頼朝の挙兵に対応しようとしていたと考えられる。すなわち、支配者層は、頼朝の挙兵を平将門の乱に匹敵する大事件である、と認識していたに違いないのである。将門の乱は、それほど平安時代後期の貴族社会に深く刻印された政治的大事件であった。

「新皇」即位の歴史的意義

「中世皇統譜」の形成

さて、以上のようにさまざまな側面における王権の揺らぎ、具体的には天命思想に基づいた将門の「新皇」即位を目の当たりにした貴族層は、王土王民思想に基づいて「憂国の士」や「田夫野叟」が将門追討に立ち上がることを要請した。その結果、先述のように平貞盛や藤原秀郷らの活躍によって無事乱を鎮圧することに成功した。しかし、「新皇」の存在は否定されたものの、その際皇位継承の論理として提起された天命思想は貴族層の記憶に残ることになった。

このような王権をめぐる貴族層の危機感を上島は次のように記している（上島二〇一〇）。

将門が「新皇」を自称したことは、あらためて国王とは何かを、知識人が問い直すきっかけになったといえる。その将門は自らが皇胤たることを正統性の第一の根拠とするものの、天命思想をも強く意識していた。そのことに衝撃をうけた朝廷は、新たな天皇権威の創出に邁進し、国王を代々継承する天皇家という観念が生まれてくる。そして、上島が「新たな天皇権威の創出」として評価するのが中世的な神祇秩序の形成と「中世皇統譜」の形成である。

前者については前章ですでに検討したので、後者の「中世皇統譜」の形成に関する上島の評価についてみてみよう。上島は「中世皇統譜」の形成にとって『先代旧事本紀《せんだいくじほんぎ》』の重要性を指摘する（図35）。すなわち、天地開闢《かいびゃく》の後に現れる神々は『古事記』と『日本書紀』とでは異なっていたが、『先代旧事本紀』はそれを一元化して『古事記』とも『日本書紀』とも異なった神代《じんだい》七代を構成したこと、そして、その一方で神代七代に続く神々に関してはその位置付けを明確にしたというのである。

それはどういうことかというと、『日本書紀』神代巻に対応する『先代旧事本紀』巻六までが

巻一　神代本紀（神代七代）、陰陽

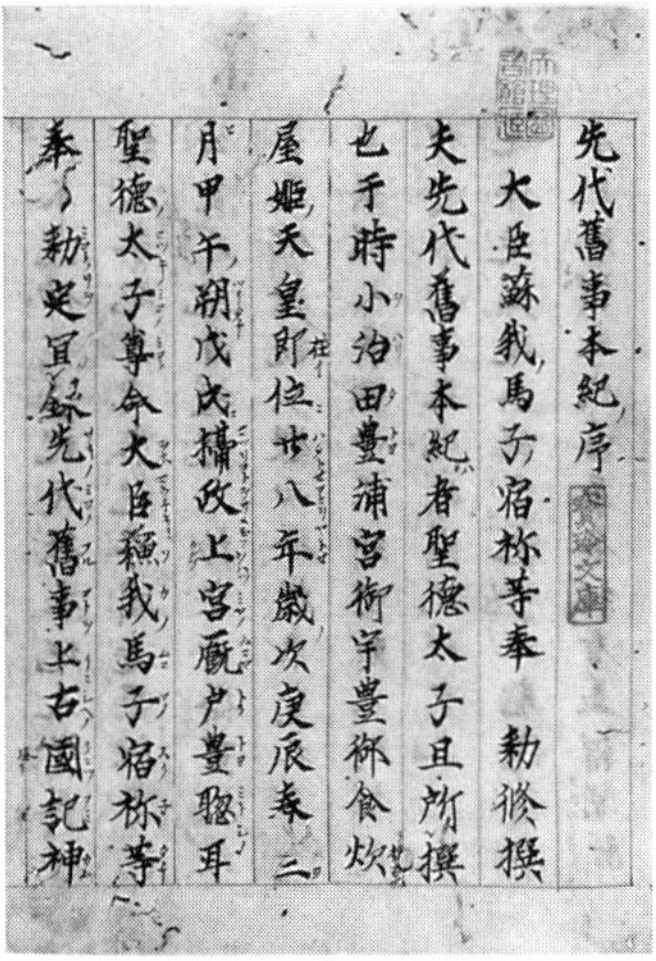
先代舊事本紀序
大臣蘇我馬子宿祢等奉　勅修撰
夫先代舊事本紀者聖徳太子且所撰
也于時小治田豊浦宮御宇豊御食炊
屋姫天皇即位廿八年歳次庚辰春三
月甲午朔戊戌攝政上宮廐戸豊聡耳
聖徳太子尊命大臣蘇我馬子宿祢等
奉　勅定冝録先代舊事上古國記神

図35　『先代旧事本紀』（天理大学附属天理図書館所蔵）

本紀（イザナギ・イザナミの物語）
巻二　神祇本紀（アマテラスとスサノオの物語）
巻三　天神本紀（ニギハヤヒとニニギの物語）
巻四　地祇本紀（スサノオの子孫の物語）
巻五　天孫本紀（ニギハヤヒの子孫の物語）
巻六　皇孫本紀（ニニギから神武天皇までの物語）

によって構成されていることに着目し、次のように評価する。

スサノオの子孫が「地祇《ちぎ》」とされ、また、降臨する「天神」二神のうち、ニギハヤヒの子孫は「天孫《てんそん》」、ニニギの子孫は「皇孫《こうそん》」と呼ばれており、三者は異なった性格の神々として明確に区分されている。（中略）『先代旧事本紀』は上記の三分類を行うことで、「地祇」「天孫」とは異なり、アマテラスから神武《じんむ》天皇につながる「皇孫」こそが王家の正統な系譜であることを示したといえる。

まさに「中世皇統譜」の形成といえよう。そのうえで、上島は上記のような内容をもつ『先代旧事本紀』が脚光を浴びるようになったのは、承平六年（九三六）一二月八日開講の「日本紀講書《にほんぎこうしょ》」であったことに着目する。その講書で、最古の史書はなにかと問われた博士矢田部公望《やたべのきみもち》は、『古事記』ではなく、聖徳太子が編纂した『先代旧事本紀』こそが嚆《こう》矢《し》だと答えたのであった。上島は、「朝廷の知識人たちが国家や王権のあり方を問い直しつつあるまさにその時に『先代旧事本紀』が「発見」され、私撰書《しせんしょ》が（聖徳）太子撰書として聖典化されていった」と評価する。そして、このように『日本書紀』を読み替えていく運動を一気に加速する契機になったのが「承平の講書」であり、このことから中世日本紀形成の起点を一〇世紀中葉におきたい、と主張する。

「新皇」即位の歴史的意義

非常に興味深い指摘といえよう。唐の滅亡や耶律阿保機による東丹国の成立などを経験することによって、朝廷の貴族・知識人のなかで『日本書紀』『古事記』に基づく皇統観や天皇観が大きく揺らぎ、中世的な神祇秩序と「中世皇統譜」の形成に基づく新しい国家や王権のあり方が問い直されている時に、皇孫であることと日本では受け入れられてこなかった天命思想とを根拠に、将門が反乱を起こすだけでなく、ついには「新皇」を自称する事件が起きたのである。貴族層・知識人の驚愕と危機感は想像以上のものであったと考えられる。

そして、この事件は新たな皇統譜と神祇秩序をなんとしても形成しなければならないという確信を支配者層にもたらしたことは間違いない。

だからこそ、朝廷は天慶三年（九四〇）の将門追討官符において延喜荘園整理以来の王土王民思想を採用し、それに基づいて将門の討滅を企図したのであった。そして、その官符に、将門追討が「皇天」と「神明」の意志によるものだと記されていたことは前述したが、ここにこそ皇統と神祇という絶対的な権威によって国家的な危機を乗り越えようとする当時の支配者層の狙いが明確に現れているといえよう。将門追討官符に王土王民思想が発現されたことには、このような大きな意味合いがあったのである。

以上のように、将門の「新皇」即位という事件は単に東国国家の樹立というレベルの問題ではなく、国家の支配イデオロギーの根幹に触れる大きな問題が孕《はら》まれていたのである。上島が、中世的な神祇秩序と「中世皇統譜」の形成において承平・天慶の乱の果たした役割を高く評価するのは、十分納得できる。

一方、王土王民思想は、天慶一〇年の「朱雀院平賊後被修法会願文」にみられたように、兵乱で犠牲になった人々を救済する論理として用いられることもあったことは注目される。このような異なった二つの論理に基づく王土王民思想が発現された理由と根拠をいま解くことができないが、前の「「新皇」即位と王土王民思想」の節では、中国の天命思想に基づいて新皇に即位した将門と中国皇帝の事績に倣って戦死者の救済を企図した朱雀天皇とを対比し、両者が中国の歴史ないし歴史意識を我が物にしようとしたのではないかと推測した。しかし、あくまで推測であって正解ではない。この二つの王土王民思想については、これまでまったく検討されていない課題だけに、今回は問題提起にとどめ、今後の研究に期待したいと思う。

「冥界消息」と蘇生譚の世界

『将門記』の「冥界消息」

「冥界消息」と蘇生譚

『将門記《しょうもんき》』の本文は、平将門《まさかど》の敗北と首の入京とを記した後、将門一代の評価、将門の残党の追捕、そして乱後の源経基《つねもと》・藤原秀郷《ひでさと》・平貞盛《さだもり》らの賞罰を記して終わる。しかし、プロローグで紹介したように、『将門記』には、その後に冥界に堕ちた将門からの手紙＝「冥界消息《めいかいしょうそく》」が載せられている。この消息は、その内容もさることながら、そのなかに「天慶三年（九四〇）六月中《（二五日）》記文」という年紀に関する識語が記されていることから、『将門記』の成立年代との関係をめぐってさまざまな議論がなされてきた。

その内容については後に紹介するが、本章で注目したいのは、この時期、将門の「冥界消息」だけでなくいくつかの冥界譚《たん》・蘇生《そせい》譚が残されていることである。例えば、詳細は後述するが、将門がらみでは『僧妙達蘇生注記《そうみようたつそせいちゆうき》』があるし、天神信仰との関わりでは『道賢上人冥途記《どうけんしようにんめいどき》』（『日蔵夢記《にちぞうむき》』）がある。将門の場合は冥界からの手紙であるが、妙達と道賢の場合は、妙達の史料名から明らかなように、彼らが一度冥界に落ちたものの、そこから蘇生してきて冥界の様子を語っているところに特徴がある。

そして、将門の「冥界消息」は天慶三年という年紀をもっていたが、『道賢上人冥途記』は、その成立は遅くなるものの、記述内容の設定年代は天慶四年であったし、『僧妙達蘇生注記』は天暦五年（九五一）のことであった。このように、代表的な冥界譚・蘇生譚が将門の乱直後に年代設定されていることも注目される。そのうえ、将門の子孫に冥界に堕ちた後蘇生したという伝説や、救済されて極楽に赴いたという伝説をもつ者がいることも注目される。

このように、将門の「冥界消息」は『将門記』内部に限られるものではなく、当時、盛んに作成されたと思われる冥界譚・蘇生譚との関係のなかで議論されなければならない問題なのである。

以下、まず、三つの冥界譚と蘇生譚を紹介してそれぞれの特徴について考えるとともに、「冥界消息」が『将門記』の末尾に記された理由や将門の子孫の冥界譚がもつ意味についても検討したいと思う。

『日本霊異記』の冥界譚

冥界譚・蘇生譚とは、さまざまな要因によって冥界、多くは地獄に堕ちた後、生前に仏や経典を供養した功徳《くどく》によって数日後に蘇生し、冥界での経験を語って周囲の人々に信仰を勧めるとともに、本人もいっそう仏や仏教に帰依して供養した、という内容の仏教説話の一種である。

中国、唐の仏教説話集『冥報記』や『金剛般若経集験記《こんごうはんにゃきょうしゅうげんき》』などの影響を受けて、奈良時代には日本でも著されるようになった。その代表が、薬師寺の沙門景戒《しゃもんけい(きょう)かい》によって、九世紀前半に編まれた『日本国現報善悪霊異記《にほんこくげんぽうぜんあくりょういき》』（『日本霊異記』）である。『日本霊異記』には上中下巻合わせて一一六話の仏教説話が採録されているが、竹居明男によればそのなかに一四話の冥界譚があるという（竹居一九七六ａ）。

竹居はその全体的な特徴を

『日本霊異記』の冥界が閻魔王《えんまおう》のいる世界として印象づけられておりながら、実際にはその形姿そのものは描かれておらず、かつまたその本務たる裁きが厳格を欠いている。

と指摘したうえで、上記の一四話を、中村恭子の仕事（中村一九六七）を踏まえて次の五つのタイプに分類している。

A　自ら罪業《ざいごう》の報いを受けるために冥界に赴いた話

①　善業と悪業の両方を計算されたうえで蘇生し、ますます精進《しょうじん》を重ねた話。
②　まともに蘇生できなかった話。

B　主人公が罪なくして冥界に赴いた話
③　すでに苦を受けていた人に会って、その人に代わって苦を救ってやった話。
④　主人公より高位の超人的な存在の人と会見する話。
⑤　その他。

同じ冥界譚といっても多様な語られ方があったことがわかる。このような内容をもった『日本霊異記』の冥界譚の影響を受けつつ、一〇世紀に入って浄土教が流布するような時期に作られたのが『将門記』に載せられた「冥界消息」である。

平将門の「冥界消息」

さて、将門の「冥界消息」は二つの内容から構成されている。前半は、「田舎人」が「中有《ちゅうう》の使」の便りとして伝えた冥界における将門の消息である。そして、「天慶三年六月中記文」という年紀に関わる識語を挟んだ後半では、「或る本に云く」として、主に将門の消息にあった時間の数え方に関する異本などが紹介されている。ここではまず前半部を取り上げることにし、年紀と後半部については後で検討することにしたい。

前半部を簡単に紹介すると次のようになる。

将門は下総国豊田郡に住んでいたが、殺生《せっしょう》に暇がなく一善もしなかったために、ついに滅んでどこに住んでいるか知らない。「田舎の人」がいうには、いま「三界の国六道《ろくどう》の郡五趣《ごしゅ》の郷《さと》八難《はちなん》の村」に住んでいるが、その将門が中有（死後四九日間さまよう世界）の使に託して、次のような消息を送ってきた。「私は生前に一善も行うことがなかったため、いま、その身を剣の林の中に置かれたり、鉄の囲いの中で肝《きも》を焼かれたり、ひどい苦しみを受けている。ただ在世の時に誓願《せいがん》した金光明経《こんこうみょうきょう》一部の助けによって、一ヵ月のうち一時の休みがある。また冥界の暦の七年余、日本国の暦では九二年経つと、私はこの苦痛から逃れることができる。現世の兄弟妻子は他の人に慈しみを施すなど善行を積むように。

ここから読み取れる消息の特徴は、先に紹介した『日本霊異記』の蘇生譚の五つのパターンとは異なって、将門本人はすでに冥界に堕ちており、彼の手紙を中有の使を経由して田舎人が伝えるという構造を取っていることである。すなわち、『日本霊異記』のように、将門は蘇生して冥界の話をするのではなく、彼は蘇生しないことが前提になっているのである。実際に将門は誅殺されているのだから当然ではあるが、『将門伝説』（梶原・矢代一九七五）の著者はこれを「変形された蘇生譚」と評している。そのとおりである。

では、なぜこのような形式にしなければならなかったのであろうか。それは、将門がすでに討たれて死亡しているという事実と、天下の大乱を起こしたという悪行から蘇生することが許されなかったためではないだろうか。例えば、『将門記』最末の将門が討たれた後の文章をみると

いま案内《あない》を検するに、昔は六王の逆心により、七国の災難あり。今は一士の謀叛《むほん》に就きて、八国の騒動を起せり。縦《たと》ひ此の覬覦《きゆ》の謀《はかりごと》は、古今にも希《まれ》なるところなり。況《いわん》や本朝神代《じんだい》より以来、未だこの事にあらず。（中略）方今《まさにいま》、雷電の声は、尤《もっと》も百里の内に響き、将門の悪は、既に千里の外に通ず。将門は常に大康《たいこう》の業を好みて、終《つい》に宣王《せんおう》の道に迷う。（中略）仍《よっ》て不善を一心に作《な》して、天位を九重《ここのえ》に競ふ。過分の辜《つみ》、則ち生前の名を失ひ、放逸《ほういつ》の報《むくい》、則ち死後の媿《はじ》を示す。

と記されている。「縦ひ此の覬覦の謀は、古今にも希なるところなり。況や本朝神代より以来、未だこの事にあらず」とか、「過分の辜、則ち生前の名を失ひ、放逸の報、則ち死後の媿を示す」という文章から明らかなように、将門が許される根拠はまったく示されていない。しかし、金光明経一部を書写した善報により将門は救済されなければならないのである。

本来の蘇生譚であれば、将門は蘇生して仏・仏教を供養し、その後、幸せに成仏するという話になるのであるが、それが許されなかったために、消息を出すことによって将門の

反省＝懺悔《ざんげ》の意志を示し、かつ兄弟妻子に善行を積むことを勧めることによって自分の救済を頼むという構造を取ったのではないだろうか。

でも、将門は「冥界消息」の段階では救済されることはなかった。したがって、将門の救済を実現するためには別の説話・伝説が用意されなければならなかった。そのために用意されたのが将門の三女という如蔵《によぞう》の蘇生譚である。これについてはあとで検討する。

『僧妙達蘇生注記』の特徴

次に検討するのは『僧妙達蘇生注記』である（以下、『蘇生注記』と略記）。これは出羽国田川郡の龍華寺《りゆうげじ》に住む法華経の持者《じしや》僧妙達が天暦五（九）年に突然入滅して閻魔庁《えんまちよう》に至り、閻魔王から日本国中の人々の善報と悪報を聞いて七日後に蘇生し、現世の人々にそのことを詳しく話して多くの信徒を得て、多大な善業を施した、という話である。

この『蘇生注記』は、現在、『続々群書類従』（第一六・雑部）に『僧妙達蘇生注記』として収録されたものと（黒川氏所蔵本の書写—黒川本）、『三宝絵詞《さんぼうえことば》』中巻の末尾に挿入された「或本云／妙達和尚ノ入定シテヨミガヘリタル記云」（東寺観智院《かんちいん》所蔵—観智院本）として伝存している（『三宝絵《さんぼうえ》　注好選《ちゆうこうせん》』〈『新日本古典文学大系』三一〉、観智院本は「付録」の田辺秀夫「「妙達和尚ノ入定シテヨミガヘリタル記」について」のなかに翻刻されている）。なお「宗性本《そうしよう》」という写本もあるが逸文《いつぶん》なのでここでは触れない。

また、『大日本国法華経験記《だいにほんこくほけきょうげんき》』（以下、『法華験記』と略記）には「出羽国竜化寺の妙達和尚」として妙達の入滅から蘇生までの話が簡略に紹介されているので（巻之上第八、『往生伝《おうじょうでん》　法華験記』〈『日本思想体系』七〉）、これらを参考に『蘇生注記』」の特徴をみることにしたい。

『蘇生注記』の成立年代としては、妙達が入滅した「天暦五年」（「宗性本」は「天暦九年」、『法華験記』は「天暦九年比《ころ》」とする）から『法華験記』が成立した長久年間（一〇四〇～四四）までの間と考えられている（竹居一九八四）。まず、『蘇生注記』が「冥界消息」とほぼ同じ頃に作成されている点を確認したい。

先に述べたように、『蘇生注記』の特徴は、妙達が閻魔王から聞いた善報と悪報を受けた多くの人々の話が記載されている点にあるが、黒川本と観智院本とでは違いがあるものの、その人数は八〇～九〇人に及んでいる。それらの人々を出身階層と善報・悪報とで分けると表4のようになる（大石二〇〇五）。

大石直正は、この整理から善報を得た人物は俗人に多く、悪報を得た人物には僧侶が多いことを導き出し、『蘇生注記』は「既成の僧侶集団を攻撃しつつ、俗人に法華経以下の仏教信仰を勧めようとしていたことを示すものだ」と指摘している。そのうえで、天台別院の別当や座主という僧の行状が痛烈に批判され厳しい悪報を得ていることから

表4　善報・悪報を得た人数一覧

	俗人	僧侶	計
善い報いを得た人物			
両本共通	11	2	13
黒川本のみ	5	12	17
観智院本のみ	8	4	12
計	24	18	42
悪い報いを得た人物			
両本共通	1	9	10
黒川本	13	13	26
観智院本	4	8	12
計	18	30	48

注　大石二〇〇五をもとに作成。

『蘇生注記』は単純な法華経の信仰・天台宗の信仰を勧めていたのではなく、既成の天台宗の教団の在り方をつよく批判し、法華経の信仰を広めようとしているのだと考えられる。

と評価しているが、首肯できる見解というべきであろう（菅原二〇〇三にも同様な評価がみられる）。

『僧妙達蘇生注記』の具体例

具体例を紹介しよう（以下の引用は田辺一九九七に拠る）。

まず、善報を受けた俗人である上野大掾《こうずけのたいじょう》三村正則は次のように記されている。

大般若《だいはんにゃ》六百巻書供養ジ、又アシキ《（悪）》泥ノ上ニ橋ヲワタシ、アシクケハシキ《（険）》ミゾサハ《（溝・沢）》ニハシ《（橋）》ヲツクリワタシ、ケワシキ所ニ井ヲホリテ人ニ乃《（飲）》マス。此功徳ニヨリテ天帝釈ノ宮ニ生タリ。（観智院本）

『大般若経』の書写、橋の架橋、井戸の開削などの善業によって、天帝釈の宮に生まれ変わったという。

それに対して悪報を受けた僧侶として信濃国在真連師の例をあげてみよう。

水内郡善光寺本師仏花米餅油等受用。依是果報、在面八三丈五尺大蛇成也。（黒川本）

仏ノ御物ヲカシツカヘリ。ミアカシ（御灯）ノ油ヲケチトレリ。ヲモテ（面）八アル大蛇トナレリ。（観智院本）

寺物である米や餅、油を私用に用いたため、悪報を受けて顔八面の大蛇に生まれ変わったというのである。『蘇生注記』にはこのような話が綿々と続き、功徳を尽くして善報を得ることの重要性を説いている。

藤原忠平・平将門・天台座主尊意

多くは、僧侶にしろ俗人にしろ出所が不明な者が多いが、なかには歴史上知られた人物も登場する。それが太政大臣藤原忠平と平将門と天台座《ざ》主《す》尊意《そんい》である。それぞれ興味深い評価と処遇がなされているので紹介しよう。

まず、太政大臣藤原忠平である。

太政大臣藤原忠平（中略）、彼朝臣者除目《じもく》之日成阿容。依人物多受用之罪報、九頭竜成也。受大苦悩也。（黒川本）

忠平ハオホク《多》乃人ノ物ヲ除目ニヲサメトリテオホクノふこしろ〔本マヽ〕云をソコナ《損》ヘリ。オノガ心ニマカセ《任》テ罪ヲツクレリ。是ニヨリテ頭九アル竜トナレリ。（観智院本）

理解しにくい部分もあるが、除目（人事）を勝手に行った罪により頭九の龍になってしまったというのであろう。なにを根拠にしているかは不明だが、当時の最高権力者に対する厳しい批判といえよう。

次の平将門については次のように評価している。

下総国居住平将門一府之政禁断城東悪人之王也。彼禁断之縁則日本州之悪王可被召遣。是前生可治領天王者也。（黒川本）

又下総国ニアリシ平将門ハコレ東国ノアシキ《悪》人也トイヘドモ、先世ニ功徳ヲツクリシムクヒ《報》ニテ天王トナレリ。（観智院本）

観智院本から明らかなように、将門は東国の悪人（「悪人之王」）であったが前世に功徳を積んだ善報により天王となったというのである。前世の功徳が『将門記』の「冥界消息」にあった「金光明経」の書写であるかどうかはわからないし、「天王」となったのも将門が「新皇」を称したことを意味しているかどうか不明だが、『蘇生注記』の世界では将門は救済される対象であったのである。忠平の評価とはそうとう違っている。

最後に尊意である。彼は延長四年（九二六）に天台座主に就任し、将門の乱の最中の天慶三年正月二四日には将門調伏《ちょうぶく》のため内御修法《うちのみしほ》を行っている（『貞信公記抄《ていしんこうきしょう》』）。そのためであろうか、次のように記されている。

而天台座主尊意者、為国王師、随其詔命修悪法、而将門令殺。依是罪報、経十一劫《ごう》不可得人身。故将門与尊意者一日之内十度合戦無間。（黒川本）

天台座主本意ハアシキ法ヲ行テ将門ヲコロ（殺）セリ。コノ罪ニヨリテ日ゴトニモ、（百度）タビタ（戦）、カヒス。（観智院本）

天皇の命によって「悪法」を修して将門を死に至らしめた報いによって、「十一劫」（きわめて長い時間）経っても人間の身に戻れず、将門とずっと合戦をし続けなければならない、というのである。忠平のように竜の身になったわけではないが、僧侶でありながら「一日のうちに一〇度」も合戦を繰り返さなければならないという悪報を得たというのである。

将門に比べると忠平や尊意に対する処遇は厳しすぎるというか、均衡が取れているとは思えないが、しかし、これが『蘇生注記』の立場であった。当時の権力者や宗教界の中心人物に対する批判は、これら実在の人物にも向けられていたのであり、逆にそれらの権力者に向かって反乱を起こした将門は、「アシキ人也」と認識されながらも功徳により救済される存在だったのである。ここに「将門伝説」の端緒を見いだすこともできよう。

『蘇生注記』よりいっそうイデオロギー的で批判的精神が明確なのが『道賢上人冥途記』である（以下、『冥途記』と略記）。

『道賢上人冥途記』について

この史料は、すでに第四章の「九世紀後半・一〇世紀前半の王権の揺ぎ」の節で「延喜帝堕地獄《だじごく》」説話を中心に述べたが、僧道賢が金峯山《きんぷせん》で修行中の天慶四年（九四一）に冥界に堕ち、蘇生後そこで見たことを人々に語った話である。後述のように成立年代はもう少し遅くなるが、冥界譚の舞台が将門の乱が収束した天慶四年に設定されていることが注目される。

この『冥途記』は蘇生譚・冥界譚として、さらに菅原道真《すがわらのみちざね》の神格化＝天神信仰の神学的典拠としてつとに著名な史料なので多くの先学がさまざまな成果を発表されているが、ここでは将門の「冥界消息」と妙達の『蘇生注記』との比較が目的なので、『冥土記』そのものの問題点は取り上げていないことを了解願いたい。

『冥途記』の主なテキストとしては『扶桑略記《ふそうりやっき》』天慶四年条に収録された『道賢上人冥途記』と大和国永久寺《えいきゅうじ》旧蔵の『日蔵夢記』（『道賢上人冥途記』）』（『北野文叢』一一、『神道大系』神社編「北野」〈真壁俊信校訂〉など所収）の二本がある（その他の関係史料については竹居一九七六b、竹内一九九三、河音二〇〇三など参照）。竹内光浩の指摘によれば、永久寺本は広本で『扶桑略記』本は抜粋本であると考えられるので、以下、永久寺本を中心に話を進める。

さて、永久寺本の成立年代については、道賢が冥界に堕ちた天慶四年から天禄元年（九七〇）の間の成立と考えられてきたが（前掲真壁校訂本）、竹内は『原《げん》冥途記』の存在を想定したうえで、本文中の道真のことばに「もし在世の時に帯びる所の官位に居る者あらば、我必ずこれを障害《しょうがい》せしめん」とあることに注目し、道真没後の「右大臣」を精査してそれを源高明《たかあきら》に求め、高明が右大臣任官中の康保三年（九六六）から同四年に『原冥途記』の成立年代を求めている。検討に値する見解といえよう。

前置きが長くなったが、『冥途記』の内容の概略を改めて示すと次のようになる。

『道賢上人冥途記』の概要と特徴

僧道賢が長年にわたって金峯山に籠もり過酷な修行していたところ、天慶四年に至って急に仮死状態に陥り冥界に堕ちてしまった。冥界で蔵王菩薩《ざおうぼさつ》に会い、菩薩の案内で浄土＝極楽をみせてもらった。さらに「日本太政威徳天《だじょういとくてん》」と名乗る人物に会って彼の住む光り輝く大威徳天城に案内される。すると、大威徳天は「私は菅原道真である」と名乗り、次のような話をした。「私は、かつては自らの恨みをはらすために人々にさまざまな災いをもたらした。しかしいまはその怒りもすっかりおさまった。今後は人々の助けとなりたいと考えている。お前が現世にもどったならば、私の像を作り名号を称えて私を祀るものは多くの利益を得るであろう、とみなに伝えよ」。

さらに地獄を案内してもらうと、「鉄窟苦所《てつくつくしょ》」という地獄で苦しむ人物とその臣下三人に会った。真っ赤に焼けた鉄灰の上で黒焦げになって叫んでいる人物は醍醐《だいご》天皇だと教えられた。醍醐天皇は「道真を左遷して国土に災難をもたらした責任は私にあり、そのためこのような苦を受けているのだ」と語り、さらに「我が身の辛苦を救済するよう朱雀《すざく》天皇に奏上せよ」といわれて、道賢は一三日後に蘇生した。

以上である。

『蘇生注記』と比べると明らかに異なっている。なによりも冥界で会った人物が、歴史的に実在した菅原道真と醍醐天皇の二人だけである。これだけをみても、「冥途記」がそうとう意図的に作成された作品であることが想定できる。そして、その二人が冥界にいる理由も、道真は怨霊《おんりょう》として当時の貴族社会を恐怖に陥れたためであり、醍醐天皇は罪もない道真を大宰府に左遷して非業《ひごう》の死を遂げさせたためであったように、歴史的事実に基づいて非常に明快である。

しかし、冥界における両者の扱いはまったく異なっている。道真は浄土＝極楽の「皆金色」の「光明照り輝く」「大威徳天城」に住んでいたのに対し、天皇は「鉄窟苦所」という地獄に堕とされ、身は焼かれ灰のごとくになって罪苦に苦しんでいるというのである（図31参照）。

そのうえ、両者ともに自分の救済を求めているが、その救済を求める方向性が大きく違っていることも注目される。道真は次のように道賢にいっている。

但し今日、我、上人のために一つの誓言《せいごん》を遺《のこ》す。もし人有りて上人を信じ、我の言を伝え、我の形像を作り、我の名号《みょうごう》を称え、慇懃《いんぎん》に祈請《きせい》する者有らば、我必ず上人に相応するのみ。

すなわち、「もし上人＝道賢が蘇生した時、私がお前に話したことを信じて、私の形像を作り私の名号を称え真心込めて私を信じ祈る者があれば、私は上人の（祈りに）応えよう」というのである。

それに対して醍醐天皇は、

主上に奏すべし。我が身鉄窟に有りて、大苦毒《くどく》を受く。（中略）早々救済を給はんと。また、摂政大臣申すべし。我が苦のために一万の卒塔婆《そとば》を起立し三千の度者《どしゃ》を給ふべし。

といっている。「主上」＝朱雀天皇に対しては救済を求め、摂政藤原忠平には一万の卒塔婆を立て三〇〇〇人の度者（戒律《かいりつ》を受けた僧）を置いて供養させよ、と伝えて欲しいというのである。

道真は自分の「言」「形像」「名号」を供養して信じる者があれば、みんなの祈りに応えようと、まさに神仏になること＝救済を前提にしているのに対して、天皇は救済のために卒塔婆を立て大勢の僧侶に祈ってほしいと要求しているだけである。

このように、怨霊となって社会を不安に陥れた罪と道真を非業の死に追いやった罪とによって、同じように冥界に堕ちているにもかかわらず両者の扱いはまったく正反対である。ここに『冥途記』の特徴があるといえよう。すなわち、『冥途記』は怨霊であっても救われる者は救われなければならないし、神聖な天皇であっても地獄に堕ちて苦しまなければならない、という認識によって成立していたのである。

もちろん、すでに指摘されているように、この『冥途記』は天神信仰の神学的典拠として作成された冥界譚なのだから（竹内一九九三、河音二〇〇三）、前記のようなストーリーは当然といえば当然であるが、実在のそれも高位の人物を題材にしながら、天皇であっても地獄に堕ちることがあり得ることを示したリアリティーは、当時の宗教・思想状況を考えるうえで非常に重要である。

この項の最初に、『冥途記』の年代が将門の乱が終わった直後の天慶四年に設定されていることに注目したい、と記したが、ここには将門は出てこないし、冥界で会った人物の階層や扱い方もそうとう違っているが、『蘇生注記』が将門を救ったように、『冥途記』には非業の死を遂げた道真を冥界から救済するという意志が働いていた点に、『蘇生注記』と共通する信仰的・思想的状況を読み取ることができるのではないだろうか。

「冥界消息」の特徴

以上、将門の「冥界消息」から始まって『蘇生注記』と『冥途記』との特徴をみてきたが、それぞれに特徴はあるものの、これらの冥界譚の年代が「天慶三年」「天暦九年」「天慶四年」と三者とも一〇世紀第二四半期に設定されていることは、これまでもたびたび述べてきたように平将門の乱との関係を想定せざるを得ない。それは単なる反乱による社会不安からくる救済の希求というものではなくて、前章の「「新皇」即位と八幡神・道真の霊」と「「新皇」即位の歴史的意義」それぞれの節で言及したように、一〇世紀前半～中葉が皇統意識、神祇体系においても大きな転換点であったことに起因すると考える。

それらの転換と将門の乱とが大きく関連していることは上島享の主張するところであるが(上島二〇一〇)、『蘇生注記』や『冥途記』にみられたような批判的精神はそのような時代の転換の反映ととらえることができよう。とくに、醍醐天皇や関白藤原忠平など当時の最高権力者が悪報を受けて地獄に堕ちるという話は、この時期に成立したの他の往生譚などにはみられない内容だけに、この時代の思想状況を先鋭的に反映していると評価することができよう。

しかし、将門の「冥界消息」にはそのような明確な批判的精神をみることができない。ただ、国家に対して謀叛を起こした大罪人であっても、兄弟・妻子の功徳によって彼の救済が準備されている点は、当時の支配体制に対する批判を含んでいると読むべきなのかもしれない。このような「準備」がなされていたからこそ、『蘇生注記』のように将門を救済する冥界譚が作られたり、次の「将門の子孫の冥界譚と伝説」の節で検討するように、将門を救済するために娘如蔵の伝説が作られることになったのであろう。

といいながらも、やはり三つの冥界譚の批判的精神に強弱があることは明らかである。この原因や意味を解き明かすことはそう簡単ではないが、それぞれの作者の階層性や経験、読者対象の違いなども視野に入れて考えなければ解けない問題であろう。

源融の亡霊譚

そういう意味では、一〇世紀前半に成立した左大臣源融《とおる》の亡霊譚は将門の「冥界消息」が成立するヒントになると考えられるので、紹介しておこう。

源融の亡霊の話は『古事談《こじだん》』などにも収録されていて（第一王道・后宮の第七話「宇多法皇、源融ノ霊ニ御腰ヲ抱カレ給フ事）、それなりに流布していた話のようであるが、ここでは『本朝文粋《ほんちょうもんずい》』巻一四、諷誦文《ふじゅぶん》に所収されている延長四年七月四日付けの「宇多院《うだ》の河原院左大臣の為に没後諷誦を修する文」を検討することにしたい。ちなみに、『扶桑略記』同年月日条には「宇多法皇、故左大臣源融朝臣の為に七箇寺において誦経を修せらる」とあり、この諷誦文を掲載している。

文章得業生紀在昌《ありまさ》が書いた諷誦文は、まず源融の別荘のたたずまいを記した後に次のような文章が続いている。

しかるに去る月の廿五日、大臣の亡霊、忽ちに《たちま》宮人《きゅうじん》に託して申して云く、「我在世の間、殺生を事と為す。その業の報に依りて、悪趣《あくしゅ》に堕つ。一日中、三度苦《く》を受く。剣林に身を置きて、鉄杵《てつしょ》骨を砕く。楚毒至痛《そどくしとう》、具《つぶさ》に言ふべからず。

源融の霊が宮人＝女官にとり憑《つ》いて、「自分は生前殺生を好んでいたため、悪趣＝地獄に堕ちて一日に三回、さまざまな苦痛＝罰を受けている」というのである。そして、この後、「自分の子孫が絶えてしまったら自分の救済をだれに頼んだらよいか」と歎いたので、宇多院が「善業《ぜんぎょう》を行ってお前を苦痛から救いたいがどのような善業をしたらよいのか」と問うたところ、融の霊が「この苦しみから抜け出ることは難しいが、『ただ七箇寺において、おのおの諷誦を修して、遙《はる》かに抜苦《ばっく》の慈音《じおん》を聴かば、暫《しばら》く無明《むみょう》の毒睡《どくすい》を覚《さま》さん』」と答えたので、それに報いるべくこの諷誦文を作成し、七箇寺で誦経を行ったのであった。

長い紹介になったが、地獄に堕ちた源融の霊が宮人にとり憑いて自分が罪業に苦しんでいることを伝え、宇多院を含めた貴族たちに自分の救済を頼むという構図は、すでに村上春樹や梶原正昭が指摘しているように、将門の「冥界消息」の構図と非常によく似ているといえよう（村上一九六三、梶原一九七七）。

「冥界消息」との共通性

ただ、私がここで注目したいのは構図が似ているということだけではなく、「冥界消息」の作者が、『日本霊異記』の冥界譚とも、同時期に作成されたと思われる『蘇生注記』『冥途記』とも異なったタイプの冥界譚を作り上げた背景に、源融の亡霊譚のような内容の冥界譚がすでに作られており、それが名漢詩文を集録した『本朝文粋』に掲載されるほど貴族社会に流布していたという事実である。

もし、このような指摘が的を射ているとするならば、「冥界消息」の作者も、さらに『将門記』の作者も、源融の亡霊譚の作者と同じような社会集団に求める可能性が出てくる。名著『平将門の乱』の著者福田豊彦は、『将門記』の作者として式家《しきけ》宇合《うまかい》流藤原氏の敦信《あつのぶ》とその子明衡《あきひら》、さらにその子敦基《あつもと》らの文人貴族一門を想定しているが（鈴木二〇一二の「あとがき」参照）、源融の諷誦文の作者が文章得業生《とくぎょうせい》の紀在昌であり、『本朝文粋』の編者が文章博士藤原明衡であったこと、さらに「「新皇」即位の歴史的意義」の節で取り上げた天慶二年正月の将門追討官符も『本朝文粋』に収録されていること、また、「冥界消息」の最後に末法思想を示す仏教に関する文言が記されていたことなどを勘案すると、検討に値する見解といえよう。

「冥界消息」中の讖語と構成

「天慶三年六月中記文」について

続いて、将門の「冥界消息」の最後に記されている年紀に関わる讖語について検討することにしたい。この讖語については、『将門記』成立に関わる年紀であるとか、「冥界消息」が執筆された年紀であるなどの諸説が提起されているが、どちらにしても明確な根拠が示されているわけではない。

その点、笠栄治が「冥界消息」に記された暦数を計算し、将門が地獄での苦痛から逃れられるとする「九二年」は約三ヵ月に相当することを導きだし、「冥界消息」が将門の戦死した二月一四日から約四ヵ月後に届いていることから、この「天慶三年六月中」を「冥界消息」に付随する日付であると評価していることは注目される（笠一九六九）。

そして、この笠らの評価を前提に、梶原正昭も「〝亡魂消息〟（「冥界消息」）譚そのものに関係する日付と見る方が自然ということになる」としたうえ、「厳密にいえばこれは〝亡魂消息〟そのものの日付ではなく、この〝亡魂消息〟譚をもたらした田舎人の話にかかわる日付とみなすべき」であろうと評価されている。参考にすべき見解であろう（梶原一九七七）。

私も、「『将門記』の「冥界消息」」の節で前述したように、『将門記』本文最後の将門に対する評価と「冥界消息」の内容とが相当隔たっていることから、この消息は死後の将門を救済するために付加されたものではないかと考えているので、その視点からこの年紀に関する讖語についても考えてみることにしたい。

先の紹介からわかるように、この消息は、将門の手紙が「中有《ちゅうう》の使」を介して「田舎人」に伝えられ、その内容が『将門記』に付加された、という構造になっている。したがって、この消息の話で重要な役割を担っているのは、冥界＝地獄にいる将門の手紙を「田舎人」に伝えた「中有の使」ではないだろうか。

この「中有の使」は、『将門記』の異本から採られたと考えられる鎌倉時代成立の『言《げん》泉集《せんしゅう》』（金沢文庫蔵）に、「将門合戦章云」として「于時、寄中有之使所告消息云」（時に中有の使に寄せて告るところの消息に云く）と『将門記』の「冥界消息」とほぼ同じような内容が記されていることからも（笠一九六七）、「中有の使」が「冥界消息」の基本的な構成要素であったことは間違いないであろう。

この「中有の使」とは注釈書のすべてが解しているように、「中有」――死後、四九日間さまよっている場所――から来た使者のことである。すなわち、将門は、死後地獄へ行くのか極楽へ行くのか（こちらはありえないが）、それとも蘇生するのか決まっていない状態で消息を出していることになる。

そして、この「四九日」という日数に着目し、「天慶三年六月中記文」という文章を「天慶三年六月中＝一五日に文を記《しる》す」と読むことができるとすると、次のような計算が可能になる。

六月一五日の四九日前を逆算してみると、天慶三年（九四〇）の五月は「小」の月なので二九日、四月は「大」の月なので三〇日であるから、49－15（六月）－29（五月）＝5、となる。この余った五を三〇（四月）から引くと二五、という数値を得る。すなわち、六月一五日の四九日前は四月二五日になるのである。

この四月二五日はどのような日であろうか。それはいうまでもなく、藤原秀郷・平貞盛軍との合戦で討ち取られた将門の首が京都に届いた日＝天慶三年四月二五日のことであった。私はわざわざ「中有の使」を登場させ、「天慶三年六月中」という年紀を記したのは、誅伐された首は京都に運ばれたものの、将門はまだ中有の期間をさまよっており、なんらかの救済を求めていたことを示すためだったのではないかと考える。

以上のように、「中有」（＝四九日）という語に意味を求めるとするならば、将門が敗死した同年二月一四日を起点にするべきではないか、という意見が出ることは十分予想できる。

起点としての「四月廿五日」

しかし、将門が二月一四日に死亡したという情報は、後世の編纂物である『扶《ふ》桑略《そうりゃっ》記《き》』や『日本《にほん》紀略《きりゃく》』には記されているが、当時の史料では『貞信公記抄』の同月二五日条に「信濃国飛駅、平将門、貞盛・秀郷師のために射殺せらるの状を言上す」とあるだけで、確実な死亡日は記されていない。それに対して、将門の首の上洛については「（四月）廿五日、左大弁来る、将門の首将来する状を告ぐ」と『貞信公記抄』には明記されている。

また、朝廷の外記（朝廷で文章の作成や記録を職務とした官人）の記録を元に編纂された『本朝世紀《ほんちょうせいき》』の天慶四年一一月五日条には

爰《ここ》に平将門、天慶三年二月を以て、下野国押領使藤原秀郷の為に射殺さる。四月廿五日、其の頭を進む。

と「二月に射殺された」と記されているだけで、具体的な日付けは記されていない。しか

図36　都大路を行く将門の首（『俵藤太絵巻』より，京都市左京区・金戒光明寺所蔵）

し、首が都に届いた日は「四月廿五日」と明確に記されていた。

もちろん、『将門記』にも将門の死亡日は記されている。しかし、それは貞盛らとの最後の合戦の箇所で、「十四日未申の尅《こく》を以て、彼此《かれこれ》合戦す」という記述から始まって合戦の様子がながながと記述された後に、

新皇は暗に神鏑《しんてき》に中《あた》りて、終に託鹿《たくろく》の野に戦ひて、独り蚩尤《しゆう》の地に滅しぬ。

とあるのがそれだが、「十四日」という日にちからはそうとうかけ離れていてわかりにくい。

また、将門一代の評価に関する箇所にも「二月十四日を以て逝過《せいか》す」とあるが、これは将門の死を「譬《たと》へば開かんと欲するの嘉禾《かか》の早く萎《しぼ》み、将に輝かんとするの桂月《けいげつ》の兼ね

て隠るるがごとし」と喩《たと》えた文章の割注に記されているにすぎない。

こうやってみると、『将門記』は将門が誅殺された日については関心が薄いと感じざるを得ない。

それより、『将門記』の時間的経過に沿った記述の最後に

> 便《すなわ》ち下野国より解文《げぶみ》（国司の上申文書）を副《そ》へて、同年四月廿五日を以て、其の頸を言上す。

と明確に記された首の上洛日の方が印象に残ったのではないだろうか（図36）。

このように、当時の状況として将門の死亡した日に関する情報がほとんどなく、かつ、将門の死から四九日目だと三月下旬になってまだ将門の首も届いていないため、将門が誅殺されたという現実感もなくなってしまう。それでは『将門記』の終わり方としては完結しないために、日付が確実で、将門の死亡についても実態感のある四月二五日が四九日の基準として採られたのではないかと考えたい。

したがって当然のごとく、この「天慶三年六月中」という年紀は『将門記』の成立時期

を示すものではなく、「諺に曰く」から始まる「冥界消息」が書かれた期日に託されたものと考える。

「或本に云く」以下について

将門の「冥界消息」とその最後に記された識語＝年紀を前記のように理解することができるとすると、当然、その後に続く「或本に云く」以下の部分は「冥界消息」と連続するものではなく、それとは別個に、それもその後に書き加えられた文章と理解せざるを得ない。

具体的な分析に入る前に、まずその概要を記しておこう。

まず最初に、「或本に云く」として、「冥界消息」にあった「我が日本国の暦には、九十二年に当り、彼の本願をもてこの苦を脱《のが》るべし」という文章に対して、「我が日本国の暦に曰く、九十三年の内、其の一時の休み有るべし」という理解を紹介する。そしてその後に、「然らば則ち」と文章内容を変えて、「聞くが如くんば、生前の勇みは、死後の面目に成らず。傲々《ごうごう》たるの報い、憂々たるの苦を受く」などと武力による合戦の愚かしさを説く。そして最後の方に至って、「但し世は闘諍堅固《とうじょうけんご》、なほ濫悪《らんあく》盛んなり。人々心々に戦ありて戦はず」と書き止め、

若《も》し非常の疑ひあれば、後々の達者、且《か》つ記すのみ。仍て里の无名謹みて表す。

と筆者の正体を記して終わっている。

以上が概要であるが、このように短い文章であるにもかかわらず、この部分をめぐってもいろいろな解釈が提出されている。それらを踏まえたうえで、私は以下のように考える。

まず、この部分は、真福寺本《しんぷくじ》の「冥界消息」中の「我が日本国の暦には、九十二年に当り」の傍注として「奥書句自此可次也」とあることを勘案すると、全体としてこの「奥書句」にあたると考えられる。そのうえで、この「或本」以下の内容は、梶原や樋口のいうように二つに分けて考えるべきだと思う（梶原一九七七、樋口一九八〇・二〇一五）。前半は、梶原が指摘するように、「我が日本国の暦に曰く」から「此の苦を脱すべしと」までの漢字三二文字である。後半は、それを受けて続く「然らば則ち、聞くが如くんば」から最後までである。

問題はこの前半と後半が全体として「或本に云く」の内容に含まれるか否かである。梶原は前半部だけだとするのに対して、樋口は全体であると評価する。どちらが正しいであろうか。

「或本に云く」の範囲

まず、全体説を取る樋口の説を検討してみよう。樋口の理解の特徴は、「冥界消息」に「九十二年」と記され「或本に云く」には「九十三年」と記されていることに注目している点である。氏は、将門の死（天慶三年）から九二年後の長元四年（一〇三一）に平忠常《ただつね》の乱が平定されていることを見いだし、この「九十二（三）年」は忠常の乱を経験した「冥界消息」の作者が「九十二年」という数字から将門の乱を想起し叙述した、と評価する。そして、後半の「天下に謀叛ありて、これと競《きそ》ふこと日月の如し」という文章の「日」と「月」を将門と忠常に比定することによって、前半と後半は一貫した文脈で叙述されていると理解し、したがって「或本に云く」は前半・後半全体にかかると評価するのである。

しかし、「九十二（三）年」の記述については、すでに梶原が両者の「九十二年」の部分と「九十三年」の部分の叙述のされ方を比較・検討して、この年数は「彼（此）の本願を以て（遂げて）、此の苦を脱すべし」という、将門が罪苦から逃れられる年数を示している、と理解しているのが正しいと考える。

樋口の理解は興味深いが、将門が罪苦から逃れられる年数と、将門の乱平定と平忠常の乱平定のあいだの年数とを関係させて考えなければならない根拠がなんら示されていないのは残念である。その年数が使用された文脈からではなく、「九十二年」という数字の関連性だけから平忠常の乱を想定するのは無理があるといわざるを得ない。

したがって私は、この前半は、将門が罪苦から逃れられる年数として「冥界消息」には「九十二年」と記されていたが、「或本」＝『将門記』の異本には「九十三年」とするものがある、ということを紹介したにすぎないと考える。

以上によって、梶原がいうように、「或本に云く」は後半部全体にかかるのではなく、後半部前半の「我が日本国暦に曰く、……此の苦を脱すべしと」にかかるのであって、この部分が「或本」＝異本の内容であった。

「或本に云く」の後半部の評価

では、その後の文章はどのように理解したらよいであろうか。確かな解答があるわけではないが、この部分は『将門記』本文の将門の生涯の評価を受けた一般論を述べたものであり、この文章のなかに平忠常の乱や藤原純友の乱などなにか具体的なできごとを読み取ることはできないように思う。

例えば、『将門記』は乱後の賞罰を記した最後で

> 方今《まさにいま》、雷電の聲《こえ》は、尤《もつと》も百里の内に響き、将門の悪は、既に千里の外に通ず。将門は常に大康《たいこう》の業（夏王大康の勝手気ままな行い）を好みて、終《つい》に宣王《せんおう》の道（周の宣王のような名君の道）に迷ふ。（中略）仍て不善を一心に作《な》して、天位を九重《ここのえ》に競ふ。過分の辜《つみ》、則ち生前の名を失ひ、放逸《ほういつ》の報《むくい》、則ち死後の媿《はじ》を示す。

と将門の一連の行動を批判しているが、これと同様に後半の文章は武力による戦いの愚かしさを説いたものであり、強いていえば将門の行動から引き出せる訓戒・教訓を述べたものと理解しておきたい。

「冥界消息」「或本に云く」以下の成立時期

最後に以上の検討を踏まえて、「冥界消息」と「或本に云く」以下の文章の成立時期について考えてみたい。

まず、先述のように、「冥界消息」の「我が日本国の暦には九十二年に当り」という文章に「奥書句自此可次也」と傍注があり、その奥書が「或本に云く」の最初に「九十三年」説として紹介されている文章に相当するならば、「或本に云く」以下は「冥界消息」より後に叙述されたと考えざるを得ない。

一方、「或本」以下は内容的には前半と後半に分けることができるが、そして、その後半が「然らば則ち」と内容を変える文章から始まっているとしても、これだけをもって前半と後半の成立時期を別の時期とする根拠にはできないであろう。逆に内容を変える文章で始まっているということは、前半の内容を意識しているとも考えられるから、「或本」以下は前半も後半も同時期に書かれた文章と考えたい。

とすると、先に紹介しておいたように、「或本」の末尾には「但し世は闘諍堅固、なほ濫悪盛んなり」とあった。この「闘諍堅固」とは、釈迦の死後五〇〇年ごとに、解脱《げだつ》堅固・善状《ぜんじょう》堅固・多聞《たもん》堅固・造寺《ぞうじ》堅固と続いて最後に闘諍堅固となって末法に入るという考えをもとにした表現であるから、この文章が書かれたのは、日本で末法に入るといわれていた永承七年（一〇五二）前後と考えなければならないであろう。

では、「冥界消息」の成立時期はいつか。先述のように、「天慶三年六月中記文」という識語は「中有の使」に起因する「四九日」に託した期日だと考えるのでこれは採らない。といって、書かれた年紀を確定する根拠もない。あえていえば、天慶三年から「或本に云く」が執筆された永承七年より以前、ということであろうか。といっても「或本」＝異本が成立する時間を考えるとその直前とも考えられないから、『将門記』本文が書かれた後の一〇世紀最末から一一世紀前半に執筆されたと推定しておきたい。

将門の子孫の冥界譚と伝説

本章の最初で、将門の「冥界消息」を分析する時、将門の子孫にも冥界に堕ちた伝説をもつ者が多いことにも注目すべきだと記したが、以下、代表的な子孫の冥界譚を紹介し、「冥界消息」との関連について考えてみることにしたい。なお、これらの伝説については、すでに梶原・矢代『将門伝説』（一九七五年）や樋口『将門伝説の歴史』（二〇一五年）などによって紹介・分析されており、屋上屋を架すことになるが、「冥界消息」を理解するうえで重要だと思われるので改めて紹介することにした。

娘如蔵の冥界譚

将門の子孫の冥界譚として著名なのが娘如蔵《にょぞう》の話である（図37）。これは『今昔物語集』や『元亨釈書《げんこうしゃくしょ》』などにも取り上げられている著名な話なので、製作年代は新しいが古体を残しているといわれる『元亨釈書』の話を紹介しよう（巻第一八、願雑三・尼女）。
まず、その冒頭が興味深い。

如蔵尼は平将門の弟（第）三の女なり。姿色ありて諸家聘《へい》を通ず。女許さざるなり。将門誅《ちゅう》に伏するに及び、遁走して奥州に到る。女元《もと》より世情に薄く、慧日寺の傍らに菴《あん》を縛《ゆわ》って寡居す。一日病を受け気絶し、炎宮《えんきゅう》に至る。

図37　（伝）如蔵尼墓（福島県磐梯町・恵日寺所在）

すなわち、如蔵尼は将門の三女であったが、将門が誅伐されたため奥州に逃れ、慧日寺（恵日寺）の傍らに庵を結んで住んでいたが、突然病を受け気を失って炎宮＝地獄に堕ちたというのである。

その後は、地獄で地蔵菩薩が現れ、菩薩が閻魔王に「この女は堅信の夫人であり、欲事を起こさなかった」と生前のまじめな生活振りを指摘して、「本土に帰してここに繋ぐべきではない」と命じたため、女は無事蘇生できたのであった。蘇生した女はいっそう地蔵菩薩に深く帰依し、法名も「如蔵尼」と改め、もっぱら地蔵に専心したので人々から「地蔵尼」と呼ばれ、年八〇余で静かに入滅した、という。

一方、『今昔物語集』では、「平ノ将行《まさゆき》ト云ケル者ノ第三ノ女子也」と出てくるが（巻一七第二九「陸奥国の女人、地蔵の助けによりてよみがへるを得る語《こと》」）、その地獄へ堕ちる要因は「而ル間、此ノ女身ニ病ヲ受テ、日来《ひごろ》悩ミ煩《わずらい》テ遂ニ死ヌ。冥途ニ行テ、閻魔庁ニ至ル」としか記されていない。そして、その後、地獄で地蔵菩薩に助けられ、無事蘇生して一心に地蔵を崇敬したという、『元亨釈書』と同じ内容の話が続いている。

「平ノ将行」が「将門」の誤写であった可能性もあるが、その後に『元亨釈書』のように将門の反乱に関する記述が書かれていないから、将門の娘という要素は忘れ去られ、如蔵と地蔵信仰に関する別系統の説話として純化されてしまったのであろう。

如蔵冥界譚の役割

ところで、将門に関する伝説を網羅的に収集して分析を加えた前掲『将門伝説』の著者は、先の『元亨釈書』の説話で如蔵が地獄に堕ちる罪についてなんら語っていないことに注目し、

娘はおのれの罪業のためではなく、父（将門）の大きな罪業を背負って地獄に堕ちていくように思われる。（中略）〝将門堕地獄〟の話を知るならば、その伝説の上に成り

立つ娘の堕地獄譚が、父の罪業と無関係ではなく、むしろそれを語ることによって、将門の追福・供養の役目さえもが果たされていったことを考えてよいのではあるまいか。

と指摘している（梶原・矢代一九七五）。そしてさらに、

この説話固有の意味は、娘がおのれの罪業によらないで地獄に堕ちる話が、将門の誅伐後の後日譚として展開してゆくところにある。（中略）父の〝代受苦者〟ともいうべき娘が地蔵に救済される話は、父将門もまた同時に救われるという二重の意味を宿していたことであろう。

と評価している。将門の娘の単なる地獄譚・蘇生譚ではなく、そこに将門の救済の意味が込められていたことを読み取った優れた分析ということができよう。

ここで改めて、「『将門記』の「冥界消息」」の節で分析した将門の「冥界消息」を思い出してみると、大罪によって蘇生することができない将門が、地獄から手紙を出すことによって反省＝懺悔の意志を示し、かつ手紙に託して兄弟妻子に善行を積むことを勧めて自分の救済を頼むという構造を取ったのではないか、と理解した。したがって、『元亨釈書』に収録された如蔵の蘇生譚は、兄弟妻子の多くが誅殺されてしまって将門の救済を引き受ける者がいないという状況のなかで、将門の娘として如蔵を作りだし、彼女にそれを

引き受けさせることによって成立した伝説ということができよう。

それにしても、『将門伝説』の説明からもわかるとおり、この蘇生譚はこれまでにない内容である。父将門の罪業によって奥州に「遁走」し、恵日寺の傍らに「寡居」していたことだけでも救済の対象になるべきところ、さらに自らの罪業なくして地獄に堕ちてしまう。「罪なき堕地獄」譚というべきか。したがって、地蔵に救済される根拠も「生前のまじめな生活振り」だけであり、彼女が生前熱心に地蔵菩薩を信心していたわけでもない。しかし、地蔵に救われて蘇生する。「善報なき蘇生譚」とでもいうべきであろうか。

このように、如蔵の蘇生譚には地獄に堕ちる根拠も蘇生する根拠も語られていない。示されているのは将門の第三女であることと、父将門が誅殺されたことだけである。しかし、このような蘇生譚が設定されたことよって将門は救済されたのである。したがって、この蘇生譚は、将門の「冥界消息」の内容を理解したうえで、将門を救済したい、救済しなければならないという強い意志に基づいて作成されたと考えられよう。

しかし一方で、将門が誅殺されたことだけを記し、如蔵の堕地獄・蘇生の根拠をまったく語らないことによって、如蔵に対する哀れみを誘うと当時に、父将門の罪業の深さを際立たせることになったともいうことができよう。

将門の子壬生良門の伝説

前項では、将門の娘といわれる如蔵の冥界譚と将門の「冥界消息」との関係について考えたが、ここでは、これまた将門の子という壬生《みぶ》良門《よしかど》の伝説を取り上げ、それらの伝説と陸奥国との関係について検討することにしたい。

先述のように、『元亨釈書』が伝える如蔵尼蘇生譚の舞台が陸奥国であり、それも慧日寺であったことは前に指摘した。同じく『今昔物語集』でも、「今昔《いまはむかし》、陸奥国ニ恵日寺ト云フ寺有リ。此レハ興福寺ノ前ノ入唐ノ僧、得(徳)一《とくいち》菩薩ト云フ人ノ建タル寺ナリ」と記されていたように（巻一七第二九）、奈良時代末期・平安時代初期に陸奥国から常陸国で活躍した法相宗の僧徳一と関係させながら、舞台が陸奥国であったとしている。

次に壬生良門の伝説であるが、これは『法華験記』（巻下第一一二「奥州の壬生良門」）や『今昔物語集』（巻一七第八「沙弥蔵念世に地蔵の変化《へんげ》と称《なづく》る語《こと》」）、『元亨釈書』（第一七、願雑二・士庶「壬良門」）などに採録されている。その『今昔物語集』に

今昔、陸奥ノ国ノ国府ニ、小松寺ト云フ寺アリ。中比《なかごろ》一ノ沙弥有テ其ノ寺ニ住ス。名ヲバ蔵念《ぞうねん》ト云フ。此レハ、平ノ将門ガ孫良門ガ子也。

と記されているように、蔵念は「将門の孫で良門の子」であるというのであるから、ここに将門―良門―蔵念という系譜が成立する。また、『地蔵菩薩霊験記《じぞうぼさつれいげんき》』巻中七にも「奥州

小松寺ニ蔵念房ト曰ス沙弥《しゃみ》アリ。是ハ良門ノ苗裔《びょうえい》ナリ」と記されている。ここには将門は現れないが、陸奥国の小松寺を中心に将門の子孫の説話が形成されていたことは注目される。

さらに、先に紹介した『蘇生注記』にも壬生良門が現れる。この史料については、すでに「『将門記』の「冥界消息」」の節で取り上げたので、ここでは良門に関する部分だけを紹介する。

まず、黒川本には「陸奥国大目《だいさかん》壬生良門」とみえ、同じく観智院本には「陸奥ニアリシ大サク《(目)》官ガ壬生ノ吉廉《(良門)》ト云シ者」と記されているから、良門は大目すなわち国司の四等官に措定されている。さらに観智院本の説明には

法花経《ほけきょう》千部ヲ書タテマツリ当国ノ国分寺ニシテ書供養ジタテマツリテノチヒエ《(比叡)》ノ山ニスクヰトイフ所ニハコ《(運)》ビアゲ《(上)》テオキタリ。此功徳ニヨリテ百済国ノ第一ノ人トナレリ。後ニハカナラズ《(必)》仏ニナルベシ。

とあって、陸奥国の国分寺で法華経一〇〇〇部の書写を行い、比叡山の「スクヰ」という所に運び上げたため、その功徳によって後には仏になるに違いない、というのである。後半はともかくも、良門が陸奥国の国司であり、国分寺とも関係があったと伝えられていることは注目したい。

将門子孫の伝説と陸奥国

ところで、良門が法華経を書写した陸奥国分寺は現在の仙台市若林区木ノ下に所在する護国山医王院国分寺に比定されており、寺院跡は国の史跡に、現存の薬師堂は重要文化財に指定されている（図38）。また、将門の孫で良門の子といわれる蔵念が活躍した小松寺は宮城県大崎市田尻町北小松の所在する小松観音堂に比定されている（図39）。

この寺に住んでいた玄海という僧が昼は法華経を読み夜は大仏頂真言を誦していたため蘇生することができたという話が、『日本往生極楽記《にほんおうじょうごくらくき》』（三〇話）、『法華験記』（巻上第一二）、『今昔物語集』（巻一五第一九）に採録されているから、平安時代前期から中期にかけて陸奥国では有名な寺であったようである。また、現在の観音堂には平安時代末期に造られた重文の木造千手観音像と脇侍の十二神将像が安置されており、また、この地域には律令国家が東北地方の経営のために建造した新田柵《にったのさく》があったことが確認されているから、重要な政治的拠点であったといえよう。

このように、良門—蔵念の伝説が陸奥国府の周辺である国分寺と小松寺を中心に形成されていたこと、さらに前項で取り上げた如蔵の話の舞台も陸奥国恵日寺であったことは注目してよい。

このような将門の子孫に関する伝説が陸奥国を舞台に形成された要因は定かではないが、

図38　現在の陸奥国分寺薬師堂（仙台市若林区）

図39　小松観音堂（宮城県大崎市，大崎市教育委員会提供）

第一章「平氏一族内紛の要因」で述べたように、将門が乱の終末で一万三〇〇〇人の兵を率いて陸奥・出羽両国を襲撃しようとしたという記事（『九条殿記《くじようどのき》』飛駅事《ひえきじ》）や、将門の弟将種《まさたね》が舅《しゆうと》陸奥権介伴有梁《ごんのすけともありはり》とともに陸奥国で謀叛を起こしたという記事（『師守記《もろもりき》』貞和三年一二月一七日条）にみられるように、将門と弟とが陸奥国と関係があったことがその背景にあるのかもしれない（川尻二〇〇七）。

また、将門死後それほど時間が経っていない時期に、東北地方を舞台に将門伝説が語られ始めたことが、その後東国を中心に多くの将門伝説が作られる要因になったとも考えられる。

将門の「冥界消息」と将門の乱

以上、ながながと将門の「冥界消息」に関わる諸問題について論じてきた。「冥界消息」の特徴については「『将門記』の「冥界消息」」の節の最後でまとめたので繰り返しになるが、「「冥界消息」中の識語と構成」「将門の子孫の冥界譚と伝説」それぞれの節の内容も含めて改めて簡潔にまとめておこう。

将門の「冥界消息」の特徴

将門の「冥界消息」の特徴は、『日本霊異記』などにみられるそれまでの冥界譚とは違って、本人が蘇生して冥界の話をすることを前提にしていない点にある。それほど将門の罪業は大きかったのである。それは『将門記』本文の最後に、その罪業の重さが繰り返して記述されていることに示されている。

しかし、「冥界消息」の筆者は将門は救済されなければならないと考え、金光明経一部の書写に託して、九二（三）年後に彼が救済されるであろうことを「予言」したのである。ところが、彼の罪の重さは自らの功徳によって救済される可能性を否定するほどのものであったため、将門は手紙に託して地獄の苦しみを述べるとともに、兄弟・妻子に仏教の教えを守り功徳を積むことによって自分の救済を頼むという構造を採らざるを得なかったのである。

この救済は「冥界消息」の段階では叶わなかったが、その意図は『蘇生注記』や将門の娘如蔵らの伝説に受け継がれて、将門救済の伝説が広く形成されていくことになった。

冥界譚・蘇生譚の特徴

次に、「冥界消息」を含めた冥界譚・蘇生譚の特徴についてである。同時期を舞台にして作成された『蘇生注記』『冥途記』（『日蔵夢記』）と比較すると、政治や社会に対する批判的な精神はこれら二本の方が際立っている。関白藤原忠平や天台座主尊意、さらに醍醐天皇を地獄に堕とすという鋭い政治意識は「冥界消息」にはない。しかし、前述のように、謀叛という大罪を起こした将門でも救済されなければならないという文脈を含んでいる点は、当時の支配体制に対する批判と評価することもできよう。実際、醍醐天皇を地獄に堕とした道真の霊は天神として復活するし、謀叛人将門もその後さまざまな将門伝説として復活する。

このように強弱はあるものの、政治的な批判を含んだ冥界譚・蘇生譚が同じ時代を舞台に作成された背景として、将門の乱に象徴される政治的・思想的変動の進行が存在したことは間違いない。そして、より具体的には、上島亨が強調するように、平将門・藤原純友の乱を前後して皇統意識や神祇体系が大きく変化しつつあったことに、その要因を求めるべきであろう（上島二〇一〇）。

将門の「新皇」即位の根拠として明記されている天命思想の発現や八幡神や天神信仰の隆盛は、それまでにない新たな政治思想や神仏観念を醸成したに違いないから、これらの思想や観念が冥界譚・蘇生譚にみられる批判的精神を生み出す素地を形成したということもできよう。

『将門記』の成立時期

最後に、『将門記』と「冥界消息」との関係について私見を述べておきたい。先に分析したように、「冥界消息」の年紀に関する識字「天慶三年六月中」が将門の「中有」の期間と関係があり、それに託した年月日であるとするならば、これを『将門記』の成立年代とは評価できないであろう。そして、「冥界消息」は将門の救済をテーマにしているのに対して、『将門記』本文にはそれはまったくみえないことは、やはり「冥界消息」は『将門記』の後に将門の救済のために別個に作成されたと考えざるを得ない。そして、「冥界消息」の識字を挟んだ前半と後半も、前述の「或本に云く」の解釈が正しいとするならば、その引用関係から前半が先にでき後半がその後に作成されたと考えられる。

これらを確認したうえで、「冥界消息」の成立年代については、まず「冥界消息」の前半は作者の可能性から一〇世紀最末に、その後半は末法思想に関する記述があることから一一世紀前半に想定できる。ただ、前半と後半は将門が罪苦から救済される年数に関する引用関係があるので、それほど時間は経っていないであろう。とすると、「冥界消息」を除いた『将門記』本文は遅くとも一〇世紀後半中ごろには成立していたと考えざるを得ないがいかがであろうか。

これまでと変わり映えのしない成立論だが、いちおう分析の結果として述べておきたい。

「新皇」将門の国家構想――エピローグ

最後に、「新皇」将門《まさかど》が東国に建設しようとした国家の構想について検討し、それを通じて「平将門の乱」のもつ歴史的意義についてまとめることにしたい。

将門の国家構想

天慶二年（九三九）一二月下旬、神憑《かみが》かった巫女《みこ》が口走った八幡大菩薩の託宣《たくせん》によって「新皇」を名乗った将門は、早速、東国国家樹立に向けての政策を展開する。

その最初は坂東八ヵ国の国司の任命である。下野守に舎弟平将頼《まさより》、上野守に常羽御厩《いくはのみまや》別当の多治経明《たじのつねあき》、常陸介に藤原玄茂《はるもち》、上総介に武蔵権守興世《おきよ》王、安房守に文屋好立《ふんやのよしたつ》、相模守に平将文《まさぶみ》、伊豆守に平将武《まさたけ》、下総守に平将為《まさため》が任命された。将門の子や同盟者の興世王などが任命されている。ただ、武蔵国司が任命されていない理由はわからない。

続いて、将門は「王城」の建設を命じる。「其の記文」（記録）には次のように記されていた。

王城を下総国の亭南《ていなん》に建つべし。兼ねて檥橋《うきはし》を以て号して京の山崎となし、相馬《そうま》郡大井津を以て号して京の大津と為さん、と。

「王城」を建設しようした「下総国の亭南」の場所は不明だが、「檥橋」（「檥」は「船の準備をするふなよそおい」のこと）を京都南郊の山崎に、「大井津」を近江国の大津になぞらえていることは、将門が平安京に似せて「王城」を建設しようとしたことは間違いない。

さらに続けて、「左右大臣・納言・参議・文武百官・六弁八史」の任命、「内印・外印」（天皇の印と太政官の印）の寸法・文字などの確定を行った。宮都の建設、官僚の任命が矢継ぎ早に実施されたことがわかる。しかし、「狐疑《こぎ》するは暦日博士のみ」（任命が疑わしいのは暦日博士だけ）とあるように、専門性の高い技術と能力を必要とする暦を作る暦日博士は人材を確保できず、任命されなかったようである。

以上が『将門記《しょうもんき》』が伝える「新皇」将門の東国国家の構想であるが、身近な同盟者を任命している国司はさておくとしても、「文武百官・六弁八史」（朝廷の中下級官人）が任命されたり、「内印・外印」までも造ろうとしていることなどから、この記事の真偽を含めて、将門の国家構想をめぐってはさまざまな評価がなされている。

その代表的な見解をいくつか紹介しよう（昭和五〇年〈一九七五〉以前の詳細は佐伯他一九七六参照）。

「みじめな構想」という評価

まず、石母田正の評価である（石母田一九五〇）。石母田は将門の「王城建設以下の計画が実現されたかどうかはうたがわしい」としながらも、「将門が実現しようとしたものは（中略）第一に彼が独立の小国家を建設しようとしたことであり、第二にその国家が京都の天皇制国家の模倣であったことである」とし、さらに「天位につき、王城をきずき、百官を任命するというみじめな構想」（「たんなる無邪気な地方豪族の喜劇」とも）であるときびしく評価し、その要因を将門の階級的基盤が私営田領主にあったことに求めている。

石母田のこの評価は、中世社会の成立を在地領主・武士の成長過程を基軸に考えようとしていた時代のものだけに、将門の国家構想も彼の在地領主・武士としての未熟さを前提に評価しており、いまからみると古さを感じざるを得ない。しかし、この評価がその後の中世在地領主制研究、武士研究に大きな影響を与えたことはいうまでもない。

同時代的な評価の必要性

このきびしい評価に対し、異を唱えたのは髙橋昌明である。髙橋は、戸田芳實の、将門は「前将軍の家系をもつ一種の辺境軍事貴族」であり「国家の傭兵軍の地位を与えられている」という評価（戸田一九六八）を前提にしつつ、次のように述べる（髙橋一九七一）。

東国に律令国家のミニチュア版を構築しようという試みが、もし「みじめな構想」という文学的形容でよばれるべきものであるとすれば、むしろそれは国家の傭兵＝国将軍の、原理的には国家の走狗でしかない存在の、階級的反映としての政治的構想力の貧しさによるものと考えねばならないのである。

石母田をはじめとする多くの研究者が、将門の国家構想を虚構と評価したり、源頼朝が建設した鎌倉幕府との比較で消極的・否定的にとらえようとするなかで、将門の同時代的な政治的位置＝「国家の傭兵」という性格からそれを評価しようとした視点は新しい。

また、髙橋は、将門の「独立国家」建設が容易であった条件として、

前代の群党蜂起が国郡を超え、東国全域にまたがる交通形態を持ち、従ってこれの鎮圧兵力の行動もまたこれに規定され、早くから東国全体にその影響力を持っていたからに他ならない。

と、将門一族が、東国の治安維持を任務とした軍事貴族として、東国全体の交通体系に関わっていたことを指摘しているが、これも将門一族の東国における政治的地位を示す重要な指摘ということができよう。

この髙橋の「将門の乱」研究は、当時、盛んになりつつあった王朝国家論、国衙軍制研

究の成果を踏まえた新しい評価であっただけに議論を呼んだ（佐伯他一九七六、高橋修二〇一五）。しかし、石母田・高橋が提起した将門の国家構想そのものについては、その後、十分検討されてきたとはいえない。

例えば、高橋論文以後に本格的な「将門の乱」研究を発表した福田豊彦は将門の国家構想を「空騒ぎ」であり、「作者がその将門論を展開するためのフィクションであろう」といい、「独立政権のビジョンはみられ」ない、とまったく否定的な評価を与えている（福田一九八一）。また、近年、新しい将門研究を発表している川尻秋生や鈴木哲雄も、東国政権の先駆として評価すべきとか、坂東を政治的に主体性をもった領域＝「坂東国家」として表出させたことの歴史的意義を認めながらも、国家構想については、律令国家を模倣しただけのものでとても新政権などといえる代物ではない（川尻二〇〇七）、京都の朝廷をまねたもので、あくまでも将門の政権構想にすぎない（鈴木二〇一二）、とこれまた否定的というか消極的である。

以上のような評価をもとにすれば、「新皇」将門の国家構想は京都の朝廷の支配構造に倣《なら》ったものであり、「律令国家のミニチュア版」を建設しようとする「みじめな構想」のようにみえる。しかし、このような評価は、当時、なにか新しい国家構想を生み出せるような政治的、思想的条件や可能性があったかのような考え＝幻想を前提にしているといわざるを得ない。そのような幻想（多分に武士発展史的な幻想）を前提に将門の国家構想を評価するのは正しい方法ということはできない。

一〇世紀初頭、延喜新制を推進した当時の最高権力者藤原時平《ときひら》・忠平《ただひら》が作り出した王朝国家（体制）も律令制以来の太政官機構を残していたし、政策の基本も、律令制支配の矛盾に直面していた諸国の国司たちが生み出した現実的対応である「国例《こくれい》」（その国だけに通用する便宜的な支配方式）を体制化したものだったのである。しかし、延喜新制によって律令国家から王朝国家への移行が推進されたことは間違いないし、その歴史的意義は高く評価されなければならないことはいうまでもない。

将門の国家構想を同時代的に評価しなければならない所以《ゆえん》である。以下、高橋の視点に学びながら、将門の国家構想に関する私の考えを述べることにしたい。

将門の政治基盤

多くの研究者が指摘するように、確かに平氏一族は国司や鎮守府《ちんじゅふ》将軍など律令国家体制に基づく政治的地位を基盤に活動しており、かつ将門の合戦が国府を舞台にすることが多く、それも国司の国内支配権の象徴である「印《いん》鎰《やく》」＝国印と国倉《こくそう》の鍵を奪うという行為をともなっていたことを考えれば、平氏一族、そして将門の行動は律令国家支配体制を前提にしており、かつその枠内での反乱であるかのようにみえる。

しかし、川端新の成果（川端一九九八）をもとに述べたように、国司とのあいだで「移《い》牒《ちょう》」を授受する将門の政治的地位は「疑似官司化」された準公的な性格をもつ存在であったし、彼らの拠点であった「営所《えいしょ》」も彼らの性格を裏付けるように準公的な性格をもつ施設であった（第二章「国府襲撃と将門の政治的位置」参照）。

これらのことから、彼ら平氏一族は、「国家の傭兵」という地位だけから評価することはできず、九世紀後半から東国の治安維持を担う過程で、東国という地域において実力を発揮できる独自の勢力基盤、政治基盤を構築していたと考えることができよう。

また、髙橋がいう東国の交通体系への関与についても、将門一族の「群党蜂起」への対応を契機にしていた可能性が高いが、伯父良兼《よしかね》らの本拠が常陸国府と下野国府・東山道とを結ぶ交通の要衝にあったこと、そして、鎮守府将軍であった将門の父良持《よしもち》の「遺領」問題などを含めて、彼ら一族が奥羽地方の「富」とその分配に対して強い関心をもっていたことなどを考え合わせるならば、「群党蜂起」への対応だけでなく、平氏一族が形成してきた支配構造そのものに関東の交通体系の掌握が組み込まれていたと評価すべきであろう（第一章「平氏一族内紛の要因」参照）。もちろん、二者択一的に考える必要はないが、平氏一族内紛の要因として「奥羽地方の富」の領有と分配があったと考える本書にとっては、やはりこの点は強調しておきたいと思う。

このように、将門とその一族の存在形態は、関東・東国の治安維持を任務とした軍事貴族としての性格をもちながらも、この地域を勢力下におくための独自の政治基盤を形成していたのであり、それは筑波山西麓を拠点に形成された奥羽まで繋がる交通網の掌握によって裏付けられていたといえよう。

『将門記』作者の画期性

続いて、石母田が「みじめな構想」、高橋が「政治的構想力の貧しさ」と評価した点について考えたい。この時に参考になるのは竹内光浩の評価である（竹内一九九三）。

竹内は「天神信仰」拡大の歴史的意味を検討するなかで、高橋とは違った視点から石母田を批判する。それは、将門の「新皇」即位の根拠として八幡大菩薩と菅原道真《すがわらのみちざね》の霊が登場することに関してで、次のように述べている。

将門の目指した東国国家が、たとえ天皇を頂点とする律令国家のミニチュア版だったとしても、それを将門の古代豪族的限界とする説はあたらない。（中略）もし古代律令国家のミニチュアを東国に構築するのであれば、伊勢の天照大神を戴《いただ》くか、鹿島香取の神を戴けば十分である。しかしそうはしなかった。むしろ古代律令国家を支えてきたそうした神々ではなく、王権によって疎外され都の貴族たちを恐怖の底に落とし始めていた道真の怨霊神を戴いたのである。そこに『将門記』作者の画期性と、彼の古代律令国家への精神史的反抗表現を担うに足りるほどの勢力に成長していた将門たちの反乱の質を読み取るべきではなかろうか。

すなわち、竹内は将門が新皇に即位するにあたって、それまでの律令制的な神祇体系に則った神々（天照大神《あまてらすおおみかみ》や鹿島神・香取神）を皇位継承の論拠にするのではなく、怨霊《おんりょう》として都の貴族たちを恐怖におとしめていた菅原道真の霊をその論拠にしたところに、「『将門記』の作者の画期性」を求めているのである。そして、それは「古代律令国家への精神史的反抗表現」であったともいう。石母田・髙橋にはなかった新しい視角からの評価といえよう。

本書でも、竹内の指摘を受けつつ、将門が「新皇」に即位するに際して、それまでの皇統継承の論理とは異なる天命思想を採用していたこと、律令制的な神祇《じんぎ》体系にはない新興の八幡神《はちまんしん》と道真の霊（怨霊）を根拠にしていたことを指摘し、将門の「新皇」即位がこれまでの皇位継承の論理とは明らかに違っていたことを述べた（第三章「「新皇」即位と八幡神・道真の霊」と第四章「「新皇」即位と王土王民思想」参照）。竹内のいうとおり、将門の「新皇」即位は「みじめな構想」などではなく、思想的・精神史的には京都の天皇・天皇制を相対化するような大きな「画期性」を孕《はら》んでいたと評価すべきである。

もう一つ、竹内の評価で注目すべきは、「『将門記』作者の画期性」に続いて、「彼（作者）の古代律令国家への精神史的反抗表現を担うに足りるほどの勢力に成長していた将門たちの反乱の質を読み取るべきではなかろうか」という指摘である。

すなわち、竹内は『将門記』の作者が将門の「新皇」即位の論拠として道真の怨霊や八幡神をもちだし、律令国家への「精神史的反抗表現」を採ることができたのは、それを担保できるほど将門の乱の「質」の高まりがあったからだというのである。これまた鋭い指摘といえよう。

私は、竹内が指摘したこの問題を、当時の「王権の揺らぎ」と将門の乱に対する朝廷の対応＝王土王民思想の発現から解こうとした（「「新皇」即位と王土王民思想」参照）。すなわち、「王権の揺らぎ」のなかに将門の「新皇」即位の可能性を、王土王民思想の発現のなかに将門の乱の実現可能性をみようとしたのである。

国家構想の主体性

さらに、将門の主体的な構想は、彼の支配領域に関する認識によく現れている。まず、新皇を称した後の弟将平の諫言《かんげん》に対して、将門は、

凡そ八国を領せんの程に、一朝の軍攻め来らば、足柄《あしがら》・碓氷《うすい》二関を固め、当《まさ》に坂東を禦ぐべし。

と反論し、もし「一朝」＝朝廷の軍勢が攻めてきたならば、足柄関と碓氷関を固めて坂

東＝関東を守るだけだ、といい放っている。東海道の足柄関と東山道の碓氷関を自分の支配領域の境界と認識し、それより東側＝関東を自らの「国家」として守ろうというのである。もちろん、このような領域認識は、「あづま」という語がこれ以前からも散見するように（『伊勢物語』など）、将門独自なものではないが、彼の国家構想のなかに政治的領域として明確に位置付けられていたことは重要であろう。

このような認識は国家構想を発した後の将門の行動にもみられる。将門は上野国府で国家構想を発表した後に「武蔵・相模等」を「巡検」し、「皆印鎰《いんやく》を領掌し、公務を勤むべきの由を留守の国掌（国務に携わる国府の役人）に仰」せて、「相模国より下総に帰」っている。この経路は上野国—武蔵国—相模国となるが、これは前述した碓氷関と足柄関とを南北に結ぶルートであり、自らの支配領域である関東の西側の境界を掌握しようとする行動であったと評価できよう。

さらに、下総国に帰って間もなく、「未だ馬の蹄《ひづめ》を休めず」、「遺《のこ》りの敵等を討たんがために、五千の兵を帯して常陸国に発向」し、「奈何《なか》（那珂）・久慈《くじ》両郡」まで赴き、両郡に勢力をもっていた藤原氏と協力関係を結んでいる。『将門記』はこの発向の目的を平貞盛《さだもり》らの居所を探すためだと記すが、これは常陸国府の北側に位置する同国の太平洋側を支配下に治めるための巡検でもあったと考えるべきである（以上、鈴木二〇一二）。

すなわち、将門は国家構想を発した後、ただちに自分の国家＝支配領域である坂東八ヵ国の西側の国々（武蔵と相模）と常陸国中部を巡検し、その実際的な掌握を企図しているのである。将門は「王城」を建設し、諸国司を任命するだけでは不十分であることを十分認識していた。だからこそ、支配領域の境界を巡検し、「国掌」を押さえ地域の有力者を掌握するなどして着実に国家構想を実現しようとしたのである。

『将門記』は、将門のこれらの行動に先立ち、

然るに新皇、井底の浅き励みを案じて、堺外の広き謀《はかりごと》を存せず。

（現代語訳：井戸の底からみるような視野の狭い考えしかもっておらず、広い視野に立った「謀」＝計画をもっていなかった。）

と記すが、将門の行動を上記のように考えれば、将門は自分の国家領域を支配するための政策をしっかりもっていたということができよう。

この点に関して鈴木は、将門の国家構想において陸奥国との国境が意識化されていないことを疑問視しているが（鈴木二〇一二）、それは、川尻が将門が一万三〇〇〇の軍兵を率いて陸奥・出羽両国を襲撃しようとしたこと、将門の弟将種《まさたね》が舅の伴有梁《とものありはり》とともに陸奥国で謀叛を起こしたという記録の存在から、「将門がめざした独立国家の中に、東北地方も含まれていた可能性を認めたいと思う」といっていることが正しいと思う（川尻二〇〇〇

七）。

将門と頼朝の境界認識

これは、鈴木の成果（鈴木一九九四）をもとに以前に述べたことがあるが、将門が支配下に置こうとした国家領域は、実は源頼朝が直接支配下に治めようとした領域と同じであったことは注目しなければならない（木村二〇一六）。頼朝挙兵直後の合戦が西は富士川の合戦、東は常陸国の金砂合戦（現茨城県常陸太田市に所在した金砂城に佐竹氏を攻めた合戦）であったこと、建久四年（一一九三）のいわゆる富士の巻狩りが三原野（上野国と信濃国の国境）、那須野（下野国と陸奥国の国境）、そして富士の裾野（伊豆・相模両国と駿河国の国境）の三ヵ所で行われたことを想起していただきたい。ここに現れる頼朝の境界認識は将門のそれとまったく同じである。関東に限っていえば、頼朝の境界認識は将門の国家構想を踏襲していたということもできる。

将門の国家構想の意義

以上、将門の国家構想について検討した。その特徴は、第一に、将門ら平氏一族は律令国家体制を前提にしてはいるものの、筑波山西麓を中心に交通体系を掌握して、次の世代まで受け継がれるような（常陸平氏の成立）独自の政治基盤を形成しており、それを前提とした国家構想であったことである。

第二は、将門の「新皇」即位は、それまで皇統が律令に則った神々を根拠にしていたのに対して、八幡神と道真の霊という新たな「神」を根拠としており、律令国家体制を相対化しようという意識が存在したことである。そして第三に、単に王城を築くだけでなく、自らの国家領域を確定し、その領域の掌握をさまざまな方策によって実現しようとしていたことである。

これらの特徴は、将門の国家構想を「みじめな構想」とか「空騒ぎ」と評価することが、ある種の「幻想」に基づいた、いかに一方的な評価であるかを示している。もしこのような否定的な評価が正しいとするならば、王土王民《おうどおうみん》思想を発現し、「憂国《ゆうこく》の士」や「田夫野叟《でんぷやそう》」まで動員して将門の乱を鎮圧しようとした朝廷の対応策もまた「空騒ぎ」と評価せざるを得なくなる。私は、朝廷がこれまでして将門の乱を鎮圧しようとした点に、将門の国家構想が現実的な可能性をもっていた、ないしは実現化するような危機感を当時の支配者層に与えていたと評価すべきだと考える。

平将門の乱の歴史的意義

さて、髙橋（昌）は、将門の国家構想を「可能性に終わった分権的封建国家の一構成部分をなすものであったともいえるのではないか」と積極的に評価している（髙橋一九七一）。非常に魅力的な評価であるが、私はそこまで踏み込んだ評価をすることはできない。

なぜなら、将門と平氏一族は独自の権力基盤を形成し、将門の国家構想がそれに基づいていたとはいえ、彼らの支配構造には、封建制の構成要素である土地領有の構造とそれに基づく主従制的な支配原理をほとんど確認できないからである。それは、彼らの合戦が主に焼土戦であったことや、平良兼が丈部小春丸《はせつかべのこはるまる》を従者へ誘う条件が動産であって不動産＝領地ではなかったこと、さらに将門と同盟者興世王らとの人的関係をみれば明らかである。彼らの支配構造が封建制的な諸条件によって支えられていたとはどうしてもいえない。

しかし、だからといって将門の乱の歴史的意義を低く評価することにも賛成できない。将門らの支配構造に中世的な要素が希薄であったことと、その反乱が国家史的に果たした意味と意義は明らかに異なっていると考えるからである。

平将門の乱は、政治的・社会的・思想的にも日本古代の国家・王権が大きな転換を迎えていた時期に起こった点にこそ意義があるのであって、武士成立史、武家政権成立の前史という狭い枠からの評価ではその全体的な意義を評価したことにならない。

この反乱を経過するなかで、日本の国家は律令制国家から王朝国家（体制）へ大きく展開した。武士もこの反乱の鎮圧者の子孫が「イエ」を形成することによって成立するといわれている（川尻二〇〇七）。また、上島が力説するように、中世的な皇統意識、二十二社制につながる中世的な神祇体系も、この反乱を重要な契機として形成されてくる。さらにシダラ神事件にみられるように、富豪層を中心とした中世村落の起点をこの時期に求めることも可能であろう（河音一九七六）。

もちろん、このような政治的・社会的・思想的な転換は現在の研究成果に基づく評価であることは承知しているし、これらの転換のすべてが将門の乱に起因しているというつもりもない。

しかし、将門を含めた平氏一族が勢力の基盤とし、かつその権威の故襲撃の対象となった国府や郡衙《ぐんが》が、この乱を経過するなかで大きく改変されていったことは間違いないし（受領制への移行、郡衙の崩壊など）、将門が「新皇」即位に際して戴いた八幡神と道真の霊（天神）が、この後、中世的な神祇体系のなかで重きをなしていったことも前述した。さらに、将門ら平氏一族の遺産を継承した平貞盛・繁盛流が筑波郡衙の権威を利用しつつ、それに近接する水守《みもり》や多気《たけ》を拠点に武士団＝常陸平氏として成長していったことも縷々《るる》説明した。

このように、将門の乱は関東という京・畿内から遠く離れた領域を舞台に起こった反乱であったが、この反乱から読み取ることができる諸特徴はまさに全国的な政治的・社会的・思想的な変化を体現するものばかりであった。ここにこそ、平将門の乱の歴史的意義があるといえよう。

実際、唐帝国と渤海《ぼっかい》の滅亡（九〇七年と九二六年）、高麗《こうらい》の建国（九一八年）と新羅《しらぎ》の滅亡（九三六年）という東アジアの構造的な変化、国内的には律令制国家の崩壊、延喜新制を主導した藤原時平の死、菅原道真の怨霊の肥大化と醍醐《だいご》天皇の死、シダラ神事件にみられるような新しい神や新興勢力（富豪層）の登場など、当時の支配層が政治的・社会的・思想的に大きな転換が進行しつつあることを現実的なものとして認識する条件は十分そろっていた。

このように、日本の社会全体が大きな転換点を迎えていた時、律令国家・王朝国家が支配の根幹としていた国府を襲い、さらに中国由来の天命思想を掲げ、新興の八幡神・道真の霊を根拠に「新皇」を名乗って王城を建設するという将門の行動＝反乱は、たとえ彼らの政治基盤が多分に律令制的権威に依存する性格を残していたとしても、朱雀《すざく》天皇を初めとする支配者層にその大転換を象徴するできごととして認識されたことは間違いないであろう。彼らが将門の乱に読み取った危機感は相当なものであったはずである。

繰り返しになるが、朝廷が王土王民思想という強力なイデオロギーを発動してなりふり構わず将門の乱を鎮圧しなければならなかったところに、将門の乱の時代的な象徴性と朝廷の危機感の大きさを読み取ることができる。

以上のように、平将門の乱は九世紀後半から一〇世紀前半にかけて進行していた日本国家、日本社会の大きな転換を体現し、象徴する事件であったのであり、かつ結果としてその転換を推進する役割を果たした反乱であったということができよう。

同時代の視点から読み解いた「平将門の乱」

本書では、平将門の乱をなるべく同時代的な視点にたって「読み解く」ことを試みた。私の意図は、将門を含めた平氏一族の権力基盤とその性格を確定したうえで、将門の乱の意義を当時の国家史全体のなかで評価することにあった。プロローグで「当時の国家支配の性格を含めた大きな視点から読み解き、「将門の乱」が物語る時代的な特徴を解明したいと思う」という舌足らずな文章を書いたのもそのためである。

そのため、八幡信仰や天神信仰さらに王土王民思想など、将門の乱そのものを解明するための主要な課題とは別角度のテーマに多くのページ数を割くことになったが、乱の時代的な特徴を解明するためには必要な作業であったと考える。

平将門の乱を以上のように「読み解く」ことが可能であれば、プロローグで紹介した、九条兼実《かねざね》が源頼朝挙兵の報を受けたとき「将門の如し」と『玉葉《ぎょくよう》』に記した真意にも違った評価を与えなければなるまい。兼実は、頼朝の挙兵に「武士の反乱」の再発を読み取ったのではなく、「時代の大きな転換」の予兆を感じ取ったと理解すべきではないだろうか。

あとがき

「平将門の乱」について執筆することが決まったとき、本体の構成より前に決めていたのが「あとがき」の内容である。それは、まず故石井進氏のことであり、もう一つは畏友故棚橋光男のことである。

いまから五二年も前、私が東京都立大学学部二年のとき、非常勤講師として出講されたのが石井進氏であった。石井氏は前期の授業で『将門記』の講読を選ばれ、大森金五郎『武家時代之研究』（冨山房、一九二三年）に所収されていた「将門記」を青焼きコピー（湿式コピー）して輪読した（拙稿「『将門記』と『フォルメン』」石井進先生を偲ぶ会編『であいの風景』新人物往来社、二〇〇二年、参照）。

このように、私が大学で日本中世史の専門の授業として最初に学んだのが「平将門の乱」であったのである。「将門の乱」については、これまでも小さな原稿をいくつか書いているが、本格的に取り組むチャンスがなかった。石井氏に教えを受けてから半世紀も経って、ようやく一書を書き上げることができた。氏はすでに鬼籍に入っておられるが、なんらかの恩返しになっていることを祈るばかりである。

このように半世紀も経って「将門の乱」を書こうと思った契機は、勤務校であった東京学芸大学の卒業生との交流である。茨城県桜川市教育委員会学芸員の宇留野主税氏は、私が鎌倉街道に関心をもっていたことを知って、茨城県内に残る鎌倉街道および中世の街道に関する情報を提供して下さっただけでなく、公務多忙のなか数度にわたって現地の詳細な案内をして下さった。

桜川市周辺は「平将門の乱」の舞台でもあったので、「将門の乱」に関する史跡も案内していただいた。ちょうど鈴木哲雄氏や高橋修氏が地域史の視点から「将門の乱」を見直す必要性を主張されていたこともあって、この現地調査の成果を踏まえて新しい「将門の乱」研究ができるのではないか、と思い立ったのが直接的な契機である。

この現地調査には、同じく卒業生の内田博明氏（茨城県立高等学校教員）、島田哲弥氏（埼玉県私立高等学校教員）、髙橋秀之氏（東京都日野市学芸員）、岩瀬寛弥夫妻（栃木県公立小学校教員）も参加してくれた。そのお陰で、現地を調査・見学しながら、喧々諤々と議論することを通して本書の構想を膨らますことができた。第一章・第二章の叙述がこの現地調査の成果に拠っていることはいうまでもない。宇留野氏をはじめ、参加していただいた皆さんに心より感謝したい。

さて、次に二つ目の畏友棚橋光男のことについて。すでに、拙著『「国風文化」の時代』（青木書店、一九九七年）の「あとがき」にも書いたことだが、棚橋の最後の仕事になった『後白河法皇』（講談社選書メチエ、一九九五年）を執筆するなかで、彼は、

日本史以外の方々にもきっと興味をもっていただけるような内容に仕上げる意気込み。――いや、正直に言うと、私は閉塞状況の中に自足する日本史の〝学界〟ではなく、真正の意味の知識人と人民大衆、すなわち読書界を相手に、自分の孤独と真摯に向き合いつつ、しごとをしたいのだ……。

と書いていた。前著はこの棚橋の気概だけを頼りに書き上げたといっても過言ではない。あれから二〇年以上も経っているが、本書の執筆にあたってもまず脳裏に浮かんだのが棚橋のこの文章である。

もちろん、前著もそうであったように、本書の内容も棚橋の気概にはとうてい追いつかない拙いものであることは重々承知している。ただ、前著とあわせて、彼の気概にその何分の一かでも応えられていることを願っている。

いまの「日本史の〝学界〟」の状況を見渡すにつれ、棚橋の気概を大事に受け止めて今後も仕事をしていきたいと思う。

それにしても、本書を書き終えて思うことは、なぜ『将門記』は書かれたのだろうか、というまったく初歩的な疑問である。「新皇」を宣言して国家に対して公然と反乱を起こした事件の経過を、ここまで詳細に書き記した筆者の意図とその「精神」を支えていたのはなんだったのだろうか。竹内光浩は『将門記』のなかに筆者の「精神史的反抗」を読み取ろうとしているが、その「精神史的反抗」を可能にした政治的・学問的・精神史的要因こそ知りたいと思うのである。本書はその周辺を若干なぞったに過ぎないが、「平将門の乱」の真の歴史的意義を明らかにするためにも、この疑問が解明されることを期待したい。

最後に、本書も「最初の読者」として、校正などで妻由美子の手を煩わしたことを記して感謝の意を表したい。

二〇一九年九月五日

木村茂光

資料・参考文献

〔資料集・注釈書〕

古典遺産の会編『将門記―研究と資料―』（新読書社、一九六三年）

林陸朗校註『将門記』（『新撰日本古典文庫』二、現代思想社、一九七五年）

梶原正昭訳注『将門記』一・二（『東洋文庫』二八〇・二九一、平凡社、一九七五・七六年）

竹内理三校注「将門記」（『古代政治社会思想』、『日本思想大系』八、岩波書店、一九七九年）

岩井市史編さん委員会編『岩井市史別編　平将門資料集』（新人物往来社、一九九六年）

柳瀬喜代志他校注・訳『将門記　陸奥話記　保元物語　平治物語』（『新編日本古典文学全集』四一、小学館、二〇〇二年）

村上春樹『真福寺本・楊守敬本　将門記新解』（汲古書院、二〇〇四年）

〔参考文献〕

全体に関わる研究書

赤城宗徳『平将門』（『角川選書』三二、角川書店、一九七〇年）

川尻秋生『平将門の乱』（『戦争の日本史』四、吉川弘文館、二〇〇七年）

川尻秋生編『将門記を読む』（『歴史と古典』、吉川弘文館、二〇〇九年）

梶原正昭・矢代和夫『将門伝説』(新読書社、新版、一九七五年)
北山茂夫『平将門』(『朝日評伝選』三、朝日新聞、一九七五年)
佐伯有清他編『研究史　将門の乱』(吉川弘文館、一九七六年)
鈴木哲雄『平将門と東国武士団』(『動乱の東国史』一、吉川弘文館、二〇一二年)
林陸朗編『論集　平将門研究』(現代思想社、一九七五年)
樋口州男『将門伝説の歴史』(『歴史文化ライブラリー』四〇七、吉川弘文館、二〇一五年)
福田豊彦『平将門の乱』(『岩波新書』、岩波書店、一九八一年)
村上春樹『平将門―調査と研究―』(汲古書院、二〇〇七年)
村上春樹『将門記』(『物語の舞台を歩く』、山川出版社、二〇〇八年)

「平将門の乱」とはなにか―プロローグ

上島　享　二〇一〇『日本中世社会の形成と王権』(名古屋大学出版会)
川尻秋生　二〇〇七『平将門の乱』(『戦争の日本史』四、吉川弘文館)
河音能平　一九七六「王土思想と神仏習合」(『天神信仰と中世初期の文化・思想』、『河音能平著作集』二、文理閣、二〇一〇年)
戸田芳實　一九六八「中世成立期の国家と農民」(『初期中世社会史の研究』、東京大学出版会、一九九一年)
高橋　修　二〇一〇「再考　平将門の乱」(入間田宣夫編『兵たちの登場』、『兵たちの時代』一、高志

書院）
村井章介　一九九五　「王土王民思想と九世紀の転換」（『日本中世境界史論』、岩波書店、二〇一三年）
村上春樹　二〇〇四　『真福寺本・楊守敬本　将門記新解』（汲古書院）
村上春樹　二〇〇七　『平将門―調査と研究―』（汲古書院）

平氏一族内紛の要因

石井　進　一九八七　「中世成立期の軍制」（『鎌倉武士の実像』、『石井進著作集』五、岩波書店、二〇〇五年）
内山俊身　二〇一五　「陸奥との物流から見た平将門の乱―征夷戦争を前提にして―」（『常総中世史研究』三）など
梶原正昭・矢代和夫　一九七五　『将門伝説』（新版、新読書社）
川尻秋生　二〇〇七　『平将門の乱』（『戦争の日本史』四、吉川弘文館）
斉藤利男　二〇一四　『平泉―北方王国の夢―』（『講談社選書メチエ』五八八、講談社）
鈴木哲雄　二〇一二　『平将門と東国武士団』（『動乱の東国史』一、吉川弘文館）
高橋　修　二〇〇九　「『常陸守護』八田氏再考―地域間交流と領主的秩序の形成―」（『茨城の歴史的環境と地域形成』、雄山閣）
高橋　修　二〇一〇ａ　「「常陸平氏」再考」（『常陸平氏』戎光祥出版、二〇一五年）
高橋　修　二〇一〇ｂ　「再考　平将門の乱」（入間田宣夫編『兵たちの登場』、『兵たちの時代』一、高

志書院）
高橋　修　二〇一五「総論　常陸平氏成立史研究の現在」（『常陸平氏』、戎光祥出版）
戸田芳實　一九五九「平安初期の国衙と富豪層」（『日本領主制成立史の研究』、岩波書店、一九六七年）
野口　実　一九七八a「平貞盛の子息に関する覚書―官歴を中心として―」（『中世東国武士団の研究』、高科書店、一九九四年）
野口　実　一九七八b「平維茂と平維良」（『中世東国武士団の研究』、高科書店、一九九四年）。
樋口州男　二〇一五『将門伝説の歴史』（『歴史文化ライブラリー』四〇七、吉川弘文館）
村上春樹　二〇〇八『将門記』（『物語の舞台を歩く』、山川出版社）

国府襲撃と将門の政治的地位

石井　進　一九八七「中世成立期の軍制」（『鎌倉武士の実像』、『石井進著作集』五、岩波書店、二〇〇五年）
川尻秋生　二〇〇七『平将門の乱』（『戦争の日本史』四、吉川弘文館）
川端　新　一九九八「荘園制的文書体系の成立まで―牒・告書・下文―」（『荘園制成立史の研究』、思文閣出版、二〇〇〇年）
北山茂夫　一九七〇『王朝政治史論』（岩波書店）
木村茂光　二〇〇〇「『将門記』の「狭服山」について」（『東村山市史研究』九）

木村茂光　二〇一三「大蔵合戦再考―一二世紀武蔵国の北と南―」（『府中市郷土の森博物館紀要』二六）
髙橋昌明　一九七一「将門の乱の評価をめぐって」（林陸朗編『論集　平将門研究』、現代思潮社、一九七五年）
竹内理三校注　一九七九「将門記」（『古代政治社会思想』、『日本思想大系』八、岩波書店）
戸田芳實　一九六八「中世成立期の国家と農民」（『初期中世社会史の研究』東京大学出版会、一九九一年）。
林陸朗校註　一九七五『将門記』（『新撰日本古典文庫』二、現代思想社）
福田豊彦　一九八一『平将門の乱』（『岩波新書』、岩波書店）
村上春樹　二〇〇四『真福寺本・楊守敬本　将門記新解』（汲古書院）

「新皇」即位と八幡神・道真の霊

網野善彦　一九八二『東と西の語る日本の歴史』（そしえて）
飯沼賢司　二〇〇四『八幡神とはなにか』（『角川選書』三六六、角川書店）
石母田正　一九五〇「古代末期の叛乱」（『古代末期の政治過程および政治形態』、『石母田正著作集』六、岩波書店、一九八九年）
上島　享　二〇一〇『日本中世社会の形成と王権』（名古屋大学出版会）
岡田荘司　一九九四『平安時代の国家と祭祀』（続群書類従完成会）

梶原正昭・矢代和夫　一九七五　『将門伝説』（新版、新読書社）
川尻秋生　二〇〇一　「平将門の新皇即位と菅原道真・八幡大菩薩」（『古代東国史の基礎的研究』、塙書房、二〇〇三年）
川尻秋生　二〇〇七　『平将門の乱』（『戦争の日本史』四、吉川弘文館）
河音能平　一九七六　「王土思想と神仏習合」（『天神信仰と中世初期の文化・思想』、『河音能平著作集』二、文理閣、二〇一〇年）
柴田　実　一九六六　「八幡神の一性格—庶民信仰における八幡神—」（『中世庶民信仰の研究』、角川書店）
竹内光浩　一九九三　「天神信仰の原初的形態—『道賢上人冥途記』の成立をめぐって—」（十世紀研究会編『中世成立期の歴史像』、東京堂出版）
戸田芳實　一九六二　「中世文化形成の前提」（『日本領主制成立史の研究』岩波書店、一九六七年）
樋口州男　二〇一五　『将門伝説の歴史』（『歴史文化ライブラリー』四〇七、吉川弘文館）
村山修一　一九九六　「天神御霊の発生と天神社の成立」（『天神御霊信仰』、塙書房）

「新皇」即位と王土王民思想

石上英一　一九八四　「古代国家と対外関係」（歴史学研究会・日本史研究会編『講座日本歴史』二、東京大学出版会）
上島　享　二〇一〇　『日本中世社会の形成と王権』（名古屋大学出版会）

河音能平　一九七六　「王土思想と神仏習合」（『天神信仰と中世初期の文化・思想』、『河音能平著作集』二、文理閣、二〇一〇年）
河音能平　一九八九　「メトロポリタン美術館本天神縁起絵巻「延喜帝堕獄の場面」のカラー写真版を紹介するにあたって」（『天神信仰と中世初期の文化・思想』、『河音能平著作集』二、文理閣、二〇一〇年）
河音能平　二〇〇三　「『道賢上人冥途記』・『日蔵夢記』考」（『天神信仰と中世初期の文化・思想』、『河音能平著作集』二、文理閣、二〇一〇年）
木村茂光　一九七五　「王朝国家の成立と人民」（『日本初期中世社会の研究』、校倉書房、二〇〇六年）
木村茂光　一九九六　「光孝朝の成立と承和の変」（十世紀研究会編『中世成立期の政治文化』、東京堂出版、一九九九年）
木村茂光　一九九七　『「国風文化」の時代』（青木書店）
坂本賞三　一九七二　『日本王朝国家体制論』（東京大学出版会）
竹内光浩　一九九三　「天神信仰の原初的形態―『道賢上人冥途記』の成立をめぐって―」（十世紀研究会編『中世成立期の歴史像』、東京堂出版）
真壁俊信校注　一九七八　「永久寺本日蔵夢記」（神道大系編纂会編『神道大系』神社編一一、神道大系編纂会）
村井章介　一九九五　「王土王民思想と九世紀の転換」（『日本中世境界史論』、岩波書店、二〇一三年）

「冥界消息」と蘇生譚の世界

上島　享　二〇一〇　『日本中世社会の形成と王権』（名古屋大学出版会）
川尻秋生　二〇〇七　『平将門の乱』（『戦争の日本史』四、吉川弘文館）
大石直正　二〇〇五　「『僧妙達蘇生注記』と十一・二世紀の奥羽社会」（『東北文化研究所紀要』三七）
梶原正昭・矢代和夫　一九七五　『将門伝説』（新版、新読書社）
梶原正昭　一九七七　「『将門記』の成立」（『文学』四五―六）
河音能平　二〇〇三　「『道賢上人冥途記』・『日蔵夢記』考」（『天神信仰と中世初期の文化・思想』、『河音能平著作集』二、文理閣、二〇一〇年）
菅原征子　二〇〇三　「僧妙達の蘇生譚に見る十世紀の東国の仏教（1）（2）」（『日本古代の民間宗教』、吉川弘文館）
鈴木哲雄　二〇一二　『平将門と東国武士団』（『動乱の東国史』一、吉川弘文館）
竹居明男　一九七六a　「『日本霊異記』の冥界思想―特に冥界遍歴譚をめぐって―」（『文化史学』三二）
竹居明男　一九七六b　「日蔵冥界遍歴譚覚え書」（『古代文化』二八―三）
竹居明男　一九八四　「〈覚書〉『僧妙達蘇生注記』の基礎的考察」（『国書逸文研究』一四）
竹内光浩　一九九三　「天神信仰の原初的形態―『道賢上人冥途記』の成立をめぐって―」（十世紀研究会編『中世成立期の歴史像』、東京堂出版）
田辺秀夫　一九九七　「「妙達和尚ノ入定シテヨミガヘリタル記」について」（『三宝絵　注好選』、『新日

本古典文学大系』三一、岩波書店）
中村恭子　一九六七『霊異の世界』（筑摩書房）
樋口州男　一九八〇「『将門記』にみえる「或本云」について」（のち「『将門記』と平忠常の乱」と改題して『中世の史実と伝承』、東京堂出版、一九九一年）
樋口州男　二〇一五『将門伝説の歴史』（『歴史文化ライブラリー』四〇七、吉川弘文館）
福田豊彦　一九九三「将門伝説の形成」（大隅和雄編『鎌倉時代文化伝播の研究』、吉川弘文館）
村上春樹　一九六三「将門記の文体」（古典遺産の会編『将門記—研究と資料—』、新読書社）
笠　栄治　一九六七「将門記の本文について」（軍記物談話会『軍記と語り物』五）
笠　栄治　一九六九「将門記本文の再検討」（佐々木八郎博士古稀祝賀記念事業会編集委員会編『軍記物とその周辺』、早稲田大学出版部）

「新皇」将門の国家構想—エピローグ

石母田正　一九五〇「古代末期の叛乱」（『古代末期の政治過程および政治形態』、『石母田正著作集』六、岩波書店、一九八九年）
上島　享　二〇一〇『日本中世社会の形成と王権』（名古屋大学出版会）
川尻秋生　二〇〇七『平将門の乱』（『戦争の日本史』四、吉川弘文館）
河音能平　一九七六「王土思想と神仏習合」（『天神信仰と中世初期の文化・思想』、『河音能平著作集』二、文理閣、二〇一〇年）

川端　新　一九九八「荘園制的文書体系の成立まで―牒・告書・下文―」（『荘園制成立史の研究』、思文閣出版、二〇〇〇年）
木村茂光　二〇一六『頼朝と街道―鎌倉政権の東国支配―』（『歴史文化ライブラリー』四三五、吉川弘文館）
佐伯有清他編　一九七六『研究史　将門の乱』（吉川弘文館）
鈴木哲雄　一九九四「香取内海の歴史風景」（『中世関東の内海世界』、岩田書院、二〇〇五年）
鈴木哲雄　二〇一二『平将門と東国武士団』（『動乱の東国史』一、吉川弘文館）
高橋　修　二〇一五「総論　常陸平氏成立史研究の現在」（『常陸平氏』、戎光祥出版）
髙橋昌明　一九七一「将門の乱の評価をめぐって」（林陸朗編『論集　平将門研究』、現代思潮社、一九七五年）
竹内光浩　一九九三「天神信仰の原初的形態―『道賢上人冥途記』の成立をめぐって―」（十世紀研究会編『中世成立期の歴史像』、東京堂出版）
戸田芳實　一九六八「中世成立期の国家と農民」（『初期中世社会史の研究』、東京大学出版会、一九九一年）
福田豊彦　一九八一『平将門の乱』（『岩波新書』、岩波書店）

著者略歴
一九四六年、北海道に生まれる
一九七〇年、東京都立大学人文学部史学専攻卒業
一九七八年、大阪市立大学大学院文学研究科博士課程国史学専攻単位取得退学
現在、東京学芸大学名誉教授、博士（文学）

〔主要著書〕
『日本古代・中世畠作史の研究』（校倉書房、一九九二年）
『初期鎌倉政権の政治史』（同成社、二〇一一年）
『日本中世百姓成立史論』（吉川弘文館、二〇一四年）
『頼朝と街道―鎌倉政権の東国支配―』（歴史文化ライブラリー、吉川弘文館、二〇一六年）

歴史文化ライブラリー
489

平将門の乱を読み解く

二〇一九年（令和元）十一月一日　第一刷発行

著　者　木《き》村《むら》茂《しげ》光《みつ》
発行者　吉川道郎
発行所　株式会社　吉川弘文館
東京都文京区本郷七丁目二番八号
郵便番号一一三―〇〇三三
電話〇三―三八一三―九一五一〈代表〉
振替口座〇〇一〇〇―五―二四四
http://www.yoshikawa-k.co.jp/
印刷＝株式会社　平文社
製本＝ナショナル製本協同組合
装幀＝清水良洋・陳湘婷

ISBN978-4-642-05889-6

歴史文化ライブラリー

1996.10

刊行のことば

現今の日本および国際社会は、さまざまな面で大変動の時代を迎えておりますが、近づきつつある二十一世紀は人類史の到達点として、物質的な繁栄のみならず文化や自然・社会環境を謳歌できる平和な社会でなければなりません。しかしながら高度成長・技術革新にともなう急激な変貌は「自己本位な刹那主義」の風潮を生みだし、先人が築いてきた歴史や文化に学ぶ余裕もなく、いまだ明るい人類の将来が展望できていないようにも見えます。このような状況を踏まえ、よりよい二十一世紀社会を築くために、人類誕生から現在に至る「人類の遺産・教訓」としてのあらゆる分野の歴史と文化を「歴史文化ライブラリー」として刊行することといたしました。

小社は、安政四年(一八五七)の創業以来、一貫して歴史学を中心とした専門出版社として書籍を刊行しつづけてまいりました。その経験を生かし、学問成果にもとづいた本叢書を刊行し社会的要請に応えて行きたいと考えております。

現代は、マスメディアが発達した高度情報化社会といわれますが、私どもはあくまでも活字を主体とした出版こそ、ものの本質を考える基礎と信じ、本叢書をとおして社会に訴えてまいりたいと思います。これから生まれでる一冊一冊が、それぞれの読者を知的冒険の旅へと誘い、希望に満ちた人類の未来を構築する糧となれば幸いです。

吉川弘文館